beck'sche reihe

W0176440

b^{sr}

Arthur Schopenhauer (1788–1860), unter den großen Philosophen einer der sprachgewaltigsten, kann als der eigentliche Erfinder der Altersweisheit gelten. Er hat seine Anhänger, und es werden immer mehr. Von ihm lassen sich Einsichten beziehen, die nicht unbedingt glücklich machen, dafür jedoch beträchtliche Gelassenheit vermitteln.

Was man bekommt, wenn man auf Schopenhauer als Lebensberater setzt, davon erzählt dieses Buch. Es zeigt, daß man sich seiner Philosophie bedienen kann, ohne zum Schopenhauerianer werden zu müssen. Wer Schopenhauer liest, macht nicht automatisch eine Ausbildung zum Menschenfeind durch, sondern wird mit Heiterkeit belohnt: «Der Heiterkeit, wann immer sie sich einstellt, sollen wir Tür und Tor öffnen: denn sie kommt nie zur unrechten Zeit.»

Otto A. Böhmer hat Philosophie, Politologie, Soziologie und Literaturwissenschaft studiert und über Johann Gottlieb Fichte promoviert. Er lebt als freier Schriftsteller, Übersetzer, Rundfunkautor, Filmemacher und Literaturkritiker in der Wetterau. Bei C.H.Beck ist von ihm lieferbar: *Sternstunden der Philosophie.*

Otto A. Böhmer

Schopenhauer
oder
Die Erfindung der Altersweisheit

Verlag C.H.Beck

Für Christel und Mareike

© Verlag C.H.Beck oHG, München 2010
Satz, Druck u. Bindung: Druckerei C.H.Beck, Nördlingen
Umschlagabbildung: Bleistiftzeichnung von Wilhelm Busch,
Schopenhauer Archiv Frankfurt am Main
Umschlagentwurf: malsyteufel, Willich
Gedruckt auf säurefreiem, altersbeständigem Papier
(hergestellt aus chlorfrei gebleichtem Zellstoff)
Printed in Germany
ISBN 978 3 406 60095 1

www.beck.de

Inhalt

Zitierte Ausgaben:
Arthur Schopenhauer: Sämtliche Werke. Herausgegeben von
Arthur Hübscher. Bd. I–VII. 3. Auflage. Wiesbaden 1972.
Arthur Schopenhauer: Reisetagebücher aus den Jahren 1803–
1804. Herausgegeben von Charlotte von Gwinner. Leipzig
1923

Prolog:
Es ist, wie es ist
Schopenhauer als Lebensberater

Der Philosoph Arthur Schopenhauer, der sich zeit seines Lebens gern an die von ihm selbst ausgegebene Devise «Bescheidenheit bei mittelmäßigen Fähigkeiten ist bloße Ehrlichkeit; bei großen Talenten ist sie Heuchelei!» hielt, dachte nicht nur Großes von seiner eigenen Philosophie, sondern war sich auch im klaren darüber, wie sie, im Dienst einer höheren Evidenz, entstanden war. Die Grundzüge von Schopenhauers Weltsicht bildeten sich schon früh heraus. Im Jahre 1832 notierte der damals vierundvierzigjährige Philosoph in dem von ihm so genannten *Cholerabuch*, das er angeblich «auf der Flucht vor der Cholera» begonnen hatte, der sein Kollege Hegel, zu Schopenhauers stillem, aber diebischem Vergnügen, zum Opfer gefallen war: «In meinem 17ten Jahre, ohne alle gelehrte Schulbildung, wurde ich vom Jammer des Lebens so ergriffen wie Buddha in seiner Jugend, als er Krankheit, Alter, Schmerz und Tod erblickte. Die Wahrheit, welche laut und deutlich aus der Welt sprach, überwand bald die auch mir eingeprägten Dogmen, und mein Resultat war, daß diese Welt kein Werk eines allgütigen Wesens sein könnte, wohl aber das eines Teufels, der Geschöpfe ins Dasein gerufen, um am Anblick ihrer Qual sich zu weiden … Allerdings spricht aus dem menschlichen Dasein die Bestimmung des Leidens; es ist tief ins Leiden eingesenkt, entgeht ihm nicht; sein Fortgang und Ausgang ist durchweg tragisch; eine gewisse Absichtlichkeit hierein ist nicht zu verkennen…, weshalb meinem ganz einseitigen, aber so weit er sah:

richtigen Blick in der Jugend, die Welt sich als ein Werk des Teufels darstellt.»

Die Ereignisse, die in Schopenhauers siebzehntem Lebensjahr auf ihn wirkten, waren Erlebnisse eines fahrenden jungen Mannes. Heinrich Floris Schopenhauer, der Vater des angehenden Philosophen, ein redlicher, aus Danzig stammender Handelsmann, hatte seinen Sohn zu einer fast zweijährigen Europareise überredet. Zum Dank dafür mußte Arthur versprechen, nach seiner Rückkehr mit einer kaufmännischen Lehre zu beginnen und damit den Herzenswunsch seines Vaters zu erfüllen. Arthur willigte ein; die Reise lockte ihn, und der Vater, dessen Integrität er bewunderte, war für ihn eine zu große Respektsperson, als daß er es auf Dauer gewagt hätte, sich seinen Plänen entscheidend zu widersetzen, obwohl die Hauptinteressen des jungen Schopenhauer damals schon mehr den Wissenschaften und der geheimen Melancholie der schönen Künste galten. Anfang Mai 1803 brach die Familie Schopenhauer auf; mit von der Partie war noch Arthurs Mutter Johanna Schopenhauer, die später zu einer erfolgreichen Schriftstellerin werden sollte. Die Reise, die im August 1804 endete, führte durch Holland, England, Frankreich, die Schweiz und Österreich. Arthur Schopenhauer hat seine Eindrücke von dieser Reise in eigenen Aufzeichnungen festgehalten, die später, sehr viel später, als er längst berühmt geworden und von der philosophischen Bühne schon wieder abgetreten war, unter dem Titel *Reisetagebücher* veröffentlicht wurden.

Die Reisenotizen des jungen Schopenhauer verraten noch wenig von der Genialität und Stilsicherheit des späteren Philosophen. Berichtet wird von den bekannten Sehenswürdigkeiten, von fremdländischen Speise- und Kleidungsgewohnheiten oder gewissen Absonderlichkeiten, die dem jungen Mann, der sich ansonsten eher vornehm gelangweilt gibt, aufgefallen waren. Nur selten läßt er die Zurückhaltung des wohlerzogenen Sohnes aus gutbürgerlichem Hause fallen und gerät in Begeisterung – wie etwa bei einer Bergbesteigung im Berner Oberland oder beim Anblick des Montblanc-Massivs im Tal von Chamonix. Tief beeindruckt, ja betroffen gemacht hat Schopenhauer nur eine Begebenheit, die für ihn zum Schlüsselerlebnis wurde und die Grundzüge seiner pessimistischen Weltanschauung vorprägte: Mitte April 1804 hatte die Familie Schopenhauer von Marseille aus einen Ausflug nach Toulon unternommen und dort die Gelegenheit genutzt, den Hafen zu besichtigen; dabei sah Arthur zum ersten Mal in seinem Leben Galeeren-Sklaven – ein Anblick, der ihn erschütterte. In seinen *Reisetagebüchern* schrieb er darüber: «Alle schweren Arbeiten im Arsenal werden durch die Galeeren-Sklaven verrichtet, deren Anblick für Fremde sehr auffällig ist. Sie werden in drei Klassen aufgeteilt: Die Erste machen diejenigen, die nur für leichte Verbrechen und kurze Zeit da sind, Deserteurs, Soldaten, die gegen die Subordination gefehlt haben usw… Die zweite Klasse besteht aus größeren Verbrechern: sie arbeiten zwey und zwey, mit schweren Ketten an den Füßen zusammengefesselt. Die dritte Klasse, die der schwersten Verbrecher, ist an die Bänke der Galeere geschmiedet, die sie gar nicht verläßt: diese beschäftigen sich mit solchen Arbeiten, die sie im Sitzen verrichten können. Das Loos dieser Unglücklichen halte ich für bey weitem schrecklicher wie Todes-Strafen. Die Galeeren, die ich von außen gesehen habe, scheinen der schmutzigste, ekelhafteste Aufenthalt, der sich denken läßt… Das Lager der Sträflinge ist die Bank, an die sie gekettet sind. Ihre Nahrung bloß Wasser und Brod: ich begreife nicht, wie sie, ohne eine kräftigere Nahrung und von Kummer verzehrt, bey der starken Arbeit, nicht eher unterliegen; denn während ihrer Sklaverey werden sie ganz wie Lastthiere behandelt: Es ist schrecklich, wenn man es bedenckt, daß das Leben dieser Galeeren-Sklaven, was viel sagen will, ganz freudenlos ist – und bey denen, deren

Leiden auch nach fünfundzwanzig Jahren kein Ziel gesetzt ist, auch ganz hoffnungslos; läßt sich eine schrecklichere Empfindung dencken, wie die eines solchen Unglücklichen, während er an die Bank der finsteren Galeere geschmiedet wird, von der ihn nichts wie der Tod mehr trennen kann! – Manchem wird sein Leiden wohl noch durch die unzertrennliche Gesellschaft dessen erschwert, der mit ihm an eine Kette geschmiedet ist. Und wenn dann nun endlich der Zeitpunkt herangekommen ist, den er … täglich mit verzweifelnden Seufzern herbeywünschte: das Ende der Sklaverei, was soll er werden? – Er kommt in eine Welt zurück, für die er seit … Jahren todt war; die Aussichten, die er vielleicht hatte, als er zehn Jahre jünger war, sind verschwunden: Keiner will den zu sich nehmen, der von der Galeere kommt… Jahre Strafe haben ihn von dem Verbrechen des Augenblicks nicht reingewaschen. Er muss zum zweyten Mal ein Verbrecher werden und endet am Hoch-Gericht.»

Nachdem man den Hafen von Toulon, die Galeeren und ihre unglücklichen Insassen bestaunt hatte, kehrte die Familie Schopenhauer nach Marseille zurück. Arthurs Reisetagebuch berichtet wieder von angenehmeren Dingen; er plaudert über eine Gemäldeausstellung, erörtert die Vorzüge mediterranen Klimas und räsoniert über die «Durchlässigkeit» des «südlichen Lichtes». Die Erinnerung an die Galeeren-Sklaven aber wirkte in dem angehenden Philosophen nach; er behielt sie als abrufbares Bild, das sich in der noch ungeordneten Welt seiner Gedanken bereithielt, um noch einmal von sich reden zu machen. Zunächst jedoch erfüllte er sein Versprechen: Er trat die Kaufmannslehre an, die sich, wie befürchtet, als Tortur erwies und seinen ohnehin schon ausgeprägten Hang zu düsteren Visionen und globaler Nörgelei noch verstärkte. Der plötzliche Tod des Vaters am 20. April 1805 tat ein übriges: Arthur, hin- und hergerissen zwischen heftiger Trauer und einer sich eher verschämt anbietenden Hoffnung, aus der verhaßten Lehre doch noch aussteigen zu können, wurde immer unzufriedener. Er gab sich als Querulant von hohen Graden, was im besonderen seine Mutter zu spüren bekam, der er vorwarf, schon immer ein leichtes und lockeres Leben auf Kosten seines Vaters geführt zu haben. Johanna Schopenhauer, eine selbstbewußte Frau, der die Künste der Ironie nicht fremd waren, ließ sich von ihrem Sohn nichts gefallen; sie löste das Schopenhauersche Kontor auf und zog mit der 1797 geborenen Tochter Adele nach Weimar. Arthur blieb zunächst allein in Hamburg zurück. Er legte seine Unzufriedenheit nun in die Briefe, die er nach Weimar sandte; schließlich hatte seine Mutter – die mittlerweile als Schriftstellerin von sich reden machte und einen bekannten Salon führte, in dem auch Goethe sich gerne sehen ließ – ein Einsehen mit den unermüdlichen Klagen ihres Sohnes: Sie stellte ihm die Entscheidung frei, die Kaufmannslehre zu beenden und statt dessen, nach Abschluß seiner Schulausbildung, mit einem Studium zu beginnen.

Schopenhauer ließ sich das nicht zweimal sagen. Im Juni 1807 wurde er Schüler am Gymnasium in Gotha, und bereits zwei Jahre später immatrikulierte er sich an der Universität Göttingen. Am 22. Februar 1809, an seinem 21. Geburtstag, zahlte ihm seine Mutter den väterlichen Erbanteil in Höhe von 20 000 Reichstalern aus; hinzu kamen noch, wie es hieß, «Revenuen aus der Verwaltung eines Anteils an den Schopenhauerschen Ländereien» bei Danzig. Das ergab, über den Daumen gepeilt, einen Jahreszins von etwas mehr als 1000 Talern. Zum Vergleich: Goethe als ranghöchster Staatsbeamter Weimars hatte 1775 für ein Jahressalär von 1200 Talern seine Dienste am Hofe des Herzogs Karl August angetreten. Schopenhauer hatte also allen Grund, zufrieden zu sein. Er war es auch – vorübergehend. Dem beglückenden Zustand, finanziell unabhängig zu sein, bewahrte der Philosoph ein lebenslanges, freundliches Andenken. Er lobte den Vater, der ihm dieses ermöglicht hatte; für die Mutter allerdings fand er noch immer nur wenig schmeichelhafte Worte. Wenn der Student Arthur Schopenhauer nach Weimar kam und der Schriftstellerin Johanna Schopenhauer einen Besuch abstattete, gab es regelmäßig Streit. Johanna, als bekannte Autorin von vielen bewundert, war inzwischen noch selbstbewußter geworden: Sie wies den Sohn an, sich in ihrem Hause aller Gehässigkeit zu enthalten. Arthur, dem auch der neue Freund seiner Mutter mißfiel, stänkerte ungerührt weiter. Als er schließlich seine Absicht kundtat, nach Weimar überzusiedeln, machte sie ihm in einem Brief, der ein bezeichnendes Licht auf Schopenhauers mutmaßliche Charaktereigenschaften wirft, ein für allemal klar, welche Bedingungen sie an ein Zusammenleben von Mutter und Sohn in Weimar zu knüpfen gedachte: «Nun zu Deinem Verhältnisse hier gegen mich … Daß ich Dich recht lieb habe, daran zweifelst Du nicht; ich habe es Dir bewiesen, solange ich lebe. Es ist zu meinem Glücke notwendig zu wissen, daß Du glücklich bist, aber nicht, ein Zeuge davon zu sein. Ich habe Dir immer gesagt, es wäre sehr schwer, mit Dir zu leben; und je näher ich Dich betrachte, desto mehr scheint mir diese Schwierigkeit, für mich wenigstens, zuzunehmen… Dein Mißmut ist mir drückend und verstimmt meinen heiteren Humor, ohne daß es Dir etwas hilft. Sieh, lieber Arthur, Du bist nur auf Tage bei mir zu Besuch gewesen, und jedesmal gab es heftige Szenen um nichts und wieder nichts, und… ich atmete erst frei, wenn Du weg warst, weil Deine Gegenwart, Deine Klagen über unvermeidliche Dinge, Deine finsteren Gesichter, Deine bizarren Urteile, die wie Orakelsprüche von Dir ausgesprochen werden, ohne daß man etwas dagegen einwenden dürfte, mich drückten… Ich lebe jetzt sehr ruhig; seit Jahr und Tag habe ich keinen unangenehmen Augenblick gehabt, den ich nicht Dir zu danken hätte. Ich bin still für mich, niemand widerspricht mir, ich widerspreche niemandem, kein lautes Wort hört man in meinem Haushalt; alles geht seinen einförmigen Gang, ich gehe den meinen..., und das Leben gleitet dahin, ich weiß nicht wie. Dies ist mein eigentliches Dasein, und so muß es bleiben, wenn Dir die Ruhe und das Glück meiner noch übrigen Jahre lieb ist... Dazu gehört, daß wir wenig miteinander sind... Höre also, auf welchem Fuß ich mit Dir sein will. Du bist in Deinem Logis zu Hause; in meinem bist du ein Gast, wie ich es etwa nach meiner Verheiratung im Hause meiner Eltern war, ein willkommener, lieber Gast, der immer freundlich empfangen wird, sich aber in keine häusliche Einrichtung mischt. Um diese bekümmerst Du Dich gar nicht ... ich dulde keine Einrede, weil es mich verdrießlich macht und nichts hilft... An meinen Gesellschaftstagen kannst Du abends bei mir essen, wenn Du Dich dabei des leidigen Disputierens... wie auch alles Lamentierens über die dumme Welt und das menschliche Elend enthalten willst, weil mir das immer eine schlechte Nacht und üble Träume macht – und ich gerne gut schlafe.»

Schopenhauer bemühte sich eine Zeitlang, den Wünschen seiner Mutter nachzukommen, aber es wollte ihm nicht recht gelingen. Sein Naturell, das Johanna Schopenhauer treffend beschrieben hatte, brach sich immer wieder Bahn. In ihrem Salon, einem gehobenen Ort sorglosen Plauderns, wirkte er wie ein gelehrter Grobian, der seine Lebensaufgabe darin sah, für schlechte Laune zu sorgen. Schopenhauers Weltsicht stand fest; das Licht, das ihm im Hafen von Toulon aufgegangen war, warf seinen trüben Schein voraus und wies ihm die Richtung. Als er mit dem Philosophiestudium begann, war es nur noch eine Frage der Zeit, bis er die seinen Anschauungen gemäßen Gedanken gefunden haben würde. Im Oktober 1813 promovierte er an der Universität Jena mit der Dissertation *Über die vierfache Wurzel des Satzes vom zureichenden Grunde* zum Doktor der Philosophie. Johanna Schopenhauer, auf der Höhe ihres Ruhms stehend, kommentierte die Arbeit ihres Sohnes mit der spöttischen Frage: «Das ist wohl etwas für Apotheker?», worauf er entgegnete: «Man wird sie noch lesen, wenn von Deinen Schriften kaum mehr ein Exemplar in der Rumpelkammer stecken wird!» Johanna Schopenhauer erwiderte: «Von der Deinigen wird die ganze Auflage noch zu haben sein.»

Mit dieser Prognose sollte die Mutter, zumindest was sein Hauptwerk *Die Welt als Wille und Vorstellung* anging, zunächst recht behalten. Im Mai 1814 ließ sich Schopenhauer in Dresden nieder. Die Stadt gefiel ihm; er lebte auf und wurde, für seine Verhältnisse, direkt gesellig. Er verkehrte in Literaten- und Künstlerkreisen und wußte dort mit respektlosen Scherzen auf sich aufmerksam zu machen. Zu seiner guten Laune trug auch der Umstand bei, daß er spürte, wie seine Philosophie sich konkretisierte und zu einem veritablen Gedankengebäude aufwuchs. Das Bild von Toulon, das seinen Eindruck hinterlassen hatte, machte wieder von sich reden und ließ sich nun – endgültig – beim Wort nehmen. In einer seiner autobiographischen Skizzen notierte Schopenhauer dazu rückblickend: «Von 1814 bis 1818 habe ich in Dresden privatisiert, die Bibliothek und Kunstsammlungen zu vielseitigen Studien benutzend und in der schönen Umgebung meinen Gedanken nachhängend... Während dieses vierjährigen Aufenthalts in Dresden ist es gewesen, daß in meinem Kopfe, gewissermaßen ohne mein Zutun, mein philosophisches System, strahlenweise wie ein Kristall zu einem Zentrum konvergierend, zusammenschoß, so wie ich es sofort im ersten Band meines Hauptwerks niedergelegt habe. Mich haben nicht die Bücher, sondern die Welt hat mich befruchtet.»

Schon ein Jahr zuvor, in Berlin, wo er sich über die Philosophen Schleiermacher und Fichte geärgert hatte, waren Schopenhauer Gedanken zu Kopf gestiegen, die ihm wie die Vorspiegelung seiner künftigen Philosophie erschienen, der er, in geeigneter Umgebung, zur Ausarbeitung verhelfen wollte. Was in den beiden Berliner Jahren noch philosophisches Stückwerk blieb, geriet in seiner Dresdner Zeit wie von selbst aufs Papier und fügte sich zum System. Schopenhauer kam es vor, als müßte er nur seiner inneren Stimme lauschen, die ihm Kunde gab vom Geheimnis der Welt. Er wurde zum Protokollant einer Philosophie, deren Zeit gekommen war. Das äußere Gebaren des jungen Mannes, der sich nicht nur gedankenverloren gab, sondern auch enthusiasmiert zeigte, war dabei von kuriosen Zügen nicht frei. Schopenhauers späterer Schüler und Adlatus Frauenstädt berichtete:

«Als Schopenhauer zu Dresden mit seinem Hauptwerk schwanger ging, zeigte er, wie er mir selbst erzählt, in seinem ganzen Wesen und seinen Gebärden etwas so Auffallendes, daß man ihn beinahe für toll gehalten. Einst, im Treibhause zu Dresden umhergehend und ganz in Betrachtungen über die Physiognomie der Pflanzen vertieft, habe er sich gefragt, woher diese so verschiedenen Formen und Färbungen der Pflanzen? Was will mir hier dieses Gewächs in seiner so eigentümlichen Gestalt sagen? Welches ist das innere subjektive Wesen, der Wille, der hier, in diesen Blättern und Blüten, zur Erscheinung kommt? – Er habe vielleicht laut mit sich gesprochen und sei dadurch sowie durch seine Gestikulationen dem Aufseher des Treibhauses aufgefallen. Dieser sei neugierig gewesen, wer denn dieser sonderbare Herr sei, und habe ihn beim Weggehen ausgefragt. Hierauf Schopenhauer: ‹Ja, wenn Sie mir das sagen könnten, wer ich bin, dann wäre ich Ihnen viel Dank schuldig.› Darauf habe ihn jener angesehen, als ob er einen Verrückten vor sich habe. ‹Das aber ist Humor›, fügte Schopenhauer bei dieser Gelegenheit hinzu.»

Schließlich war es so weit: Im März 1818 hatte Schopenhauer das Manuskript seines Buchs abgeschlossen, das Anfang 1819 bei Brockhaus in Leipzig erschien und zu einem eindrucksvollen Mißerfolg wurde. Die Drucklegung seines Werkes hatte der Philosoph gar nicht abgewartet. Im September 1818 war er zu seiner ersten Italienreise aufgebrochen, die ihn nach Venedig, Rom, Neapel und Mailand führte. Schopenhauer war von dem Wert seines Buches felsenfest überzeugt. Auch als sich abzeichnete, daß es von den Meinungsführern der philosophischen Welt fast gänzlich ignoriert wurde, ließ er sich nicht beirren. Zweifel überkamen ihn selten; er rechnete fest mit der Dummheit der Menschen und vertraute darauf, daß die Wahrheit sich letztlich doch durchsetzen würde. An der Grundeinschätzung seines Werkes, die er schon am 28. März 1818 in einem überaus selbstbewußten Brief an seinen zukünftigen Verleger Brockhaus kundgetan hatte, hielt Schopenhauer ein Leben lang fest: «Mein Werk ... ist ein neues philosophisches System; aber neu im ganzen Sinne des Wortes: nicht neue Darstellung des schon Vorhandenen, sondern eine im höchsten Grade zusammenhängende Gedankenreihe, die bisher noch nie in irgendeines Menschen Kopf gekommen. Das Buch, in welchem ich das schwere Geschäft, sie anderen verständlich mitzuteilen, ausgeführt habe, wird, meiner festen Überzeugung nach, eines von denen sein, welche nachher die Quelle und der Anlaß von hundert anderen Büchern werden ... Vor einem Jahr fing ich an, das Ganze im zusammenhängenden Vortrag für andere faßlich zu machen ... Dieser Vortrag selbst ist gleich fern von dem hochtönenden, leeren und sinnlosen Wortschwall der neuen philosophischen Schule ...; er ist im höchsten Grade deutlich, faßlich, dabei energisch, und ich darf wohl sagen, nicht ohne Schönheit: nur wer echte Gedanken hat, hat echten Stil. Der Wert, den ich auf meine Arbeit lege, ist sehr groß: denn ich betrachte sie als die ganze Frucht meines Daseins. Der Eindruck nämlich, welchen auf einen individuellen Geist die Welt macht, und der Gedanke, durch welchen der Geist, nach erhaltener Bildung, auf jenen Eindruck reagiert, ist allemal nach zurückgelegtem dreißigsten Jahre da, vorhanden und geschehen; alles Spätere sind nur Entwicklungen und Variationen desselben.»

Was Schopenhauers Philosophie, die er in seinem Hauptwerk *Die Welt als Wille und Vorstellung* zusammenfaßte und später durch eine Vielzahl von brillanten Einzelanalysen ergänzte, gerade auch für den heutigen Leser so überzeugend erscheinen läßt, ist ihre verblüffende Modernität. Lange vor Freud beschäftigte er sich mit dem Unbewußten, das für ihn zu dem einen Welt- und Individualwillen gehört, der das Leben, im Großen wie im Kleinen, durchwirkt und beherrscht. Schopenhauers Philosophie war ein Frontalangriff auf die großen Vernunftsysteme seiner Zeit: Nicht mehr die Rationalität, wie von Fichte, Schelling und Hegel, den deutschen Idealisten, auf unterschiedliche Weise dargetan, hat das Sagen, sondern der Wille, der alle Existenzformen des Lebendigen ins Dasein treibt und dem Tod zuführt. Der Mensch ist nicht mehr die Krone der Schöpfung, sondern ein Lebewesen unter vielen, das sich vor anderen nur durch seine enorme Selbstüberschätzung auszeichnet – auch dies ein wahrhaft moderner Aspekt der Schopenhauerschen Philosophie. Der biologischen Allmächtigkeit des Willens entkommen kann der Mensch kaum: Es gelingt ihm dies, vorübergehend, nur in der meditativen Kraft, die von den Künsten, im besonderen der Musik, ausgeht – und in der «Verneinung des Willens zum Leben», einer Askese, die den Individualwillen durch Bedürfnislosigkeit gegenstandslos zu machen versucht, den übergreifenden Weltwillen und seine Gesetzmäßigkeiten jedoch nicht entscheidend beeinträchtigen kann:

«Der Kern und Hauptpunkt meiner Lehre … ist jene paradoxe Grundwahrheit, daß das, was Kant als das Ding an sich … für schlechthin unerkennbar hielt, nichts anderes ist als jenes uns unmittelbar Bekannte und sehr genau Vertraute, was wir im Innern unseres eigenen Selbst als Willen finden; daß demnach dieser Wille, weit davon entfernt, wie alle bisherigen Philosophien annahmen, von der Erkenntnis unzertrennlich und sogar ein bloßes Resultat derselben zu sein, von dieser, die ganz sekundär und späteren Ursprungs ist, grundverschieden und völlig unabhängig ist, folglich auch ohne sie bestehn und sich äußern kann, welches in der gesamten Natur... wirklich der Fall ist... Die Erkenntnis und ihr Substrat, der Intellekt» sind demnach «ein vom Willen gänzlich verschiedenes... Phänomen, ihm selbst unwesentlich, von seiner Erscheinung im tierischen Organismus abhängig, daher physisch, nicht metaphysisch, wie er selbst», so «daß folglich nie von Abwesenheit des Willens – also nicht, wie man bisher ohne Ausnahme annahm, Wille durch Erkenntnis bedingt sei, wiewohl Erkenntnis durch Wille... Meine ganze Philosophie läßt sich» daher «zusammenfassen in dem einen Ausdruck: die Welt ist die Selbsterkenntnis des Willens.»

Schopenhauers später Ruhm setzte, zögerlich zunächst, aber dann doch nahezu gradlinig verlaufend, mit der Veröffentlichung seines Buches *Parerga und Paralipomena* im Jahre 1851 ein. Dieses Werk, dessen Titel (in deutscher Übersetzung: Nebenarbeiten und Nachgebliebenes) eher auf eine komische Oper als auf ein philosophisches Erfolgsbuch, das auch ein größeres Lesepublikum ansprechen konnte, schließen läßt, berichtet aus dem Garten des Menschlichen im Stile eines großartigen Reiseschriftstellers. «Ja, das ist es», befand schon Leo Tolstoj, «das ist die Welt in einer unglaublich schönen und hellen Spiegelung!» Gespiegelt wurden in der Tat alle Bereiche des Lebens, die von jeher Menschengedanken in Beschlag genommen haben. Das Inhaltsverzeichnis der *Parerga und Paralipomena* liest sich denn auch wie eine poetische Phänomenologie des Daseins: *Über die anscheinende Absichtlichkeit im Schicksale des einzelnen; Über Urteil, Kritik, Beifall und Ruhm; Über Selbstdenken; Über Sprache und Worte; Über die Weiber; Über die Erziehung; Über Lärm und Geräusch; Von dem, was einer ist; Von dem, was einer hat; Von dem, was einer vorstellt* und anderes mehr.

Die *Parerga und Paralipomena* wurden als wahrhaftige *Aphorismen zur Lebensweisheit* aufgenommen (so auch der Titel des Hauptstücks der Sammlung, das – mit ungezählten Nachdrucken und Separateditionen – als Schopenhauers erfolgreichstes Buch in die Literaturgeschichte der Philosophie eingehen sollte). Das Publikum fand sich darin tatsächlich mit Einsichten belohnt, die den unverrückbaren Kern menschlichen Existierens betrafen. – Schopenhauer hatte nun seine Leser, und die «Komödie» seines «Ruhmes», wie er die Aufmerksamkeit, die ihm noch zuteil wurde, selber nannte, beglänzte ihm – er nahm es gelassen und mit wachsender Genugtuung zur Kenntnis – die letzten Jahre seines Lebens. Schon zuvor war er, auch das erfreute ihn, zu einem Original, ja zu einer Art lebender Legende geworden, die man später in diversen Karikaturen verewigte: In Frankfurt am Main, wo er sich 1833 niedergelassen hatte und bis zu seinem Tod im Jahre 1860 lebte, unternahm er mit seinem Pudel Butz, den er selbst gern «Atma» (Weltseele) nannte, regelmäßige Spaziergänge. Sein Schüler Gwinner berichtet: «Nach Tisch … hielt er eine Stunde Siesta. Den ersten Teil des Nachmittags füllte dann leichtere Lektüre aus. Gegen Abend ging er, von seinem Pudel begleitet, ins Freie … Sein Schritt war bis ins letzte Jahr seines Lebens voll jugendlicher Spannkraft und Geschwindigkeit. Dabei war sein Körper in beständiger Aktion, und er pflegte mit seinem Stock, einem kurzen dicken Bambusrohr, von Zeit zu Zeit heftig auf den Boden zu stoßen. Vor der Stadt zündete er sich eine leichte Zigarre an, die er aber nur zur Hälfte rauchte, da er den feuchten Rest für schädlich hielt. Zuweilen blieb er stehen, sah sich um und eilte dann wieder, einige unartikulierte Laute ausstoßend, weiter. Diese seine Gewohnheit, sein überaus sanguinisches Temperament dann und wann laut werden zu lassen, ohne den Ausdruck erst zu wählen, brachte ihn wohl bei Vorübergehenden in Verdacht, als mokierte er sich über sie …»

Seinen Ursprüngen ist Schopenhauer immer treu geblieben; das Erlebnis, das ihn im Hafen von Toulon zum Nachdenken brachte, begründete seine Philosophie, von der auch, ungeachtet ihres feingewebten Desillusionismus, eine widerborstige Behaglichkeit ausgeht, in der man sich einhausen kann. Den «Jammer des Lebens», von dem der junge Schopenhauer «in seinem 17ten Jahre» bereits «ergriffen wurde», hat er ein ums andere Mal nachgezeichnet und in vielerlei Variationen als die eine und einzige Leidensgeschichte menschlicher Erbärmlichkeit erzählt.

Schopenhauer wußte, «wie nichtssagend und bedeutungsleer, von außen gesehn, und wie dumpf und besinnungslos, von innen empfunden, das Leben der allermeisten Menschen dahinfließt. Es ist ein mattes Sehnen und Quälen, ein träumerisches Taumeln durch die vier Lebensalter hindurch zum Tode, unter Begleitung einer Reihe trivialer Gedanken. Sie gleichen Uhrwerken, welche aufgezogen werden und gehen, ohne zu wissen, warum; und jedes Mal, daß ein Mensch gezeugt und geboren worden, ist die Uhr des Menschenlebens aufs neue aufgezogen, um jetzt ihr schon zahlreiche Male abgespieltes Leierstück abermals zu wiederholen, Satz vor Satz und Takt vor Takt, mit unbedeutenden Variationen.» Schopenhauer aber wußte auch: «Solange der Ausgang einer gefährlichen Sache nur noch zweifelhaft ist, solange nur noch die Möglichkeit, daß er ein glücklicher werde, vorhanden ist, darf an kein Zagen gedacht werden, sondern bloß an Widerstand – wie man am Wetter nicht verzweifeln darf, solange noch ein blauer Fleck am Himmel ist.» Wobei es, nicht zu vergessen, eine Sache gibt, die wichtiger ist als jede Philosophie und jedes Wetter: «Überhaupt aber beruhen neun Zehntel unseres Glücks allein auf der Gesundheit.»

Arthur Schopenhauer, der als Erfinder der Altersweisheit durchgehen könnte, steht nahezu unverrückbar im Strom philosophischer Meinungsbildung. Er hat seine Anhänger, und es werden immer mehr. Schopenhauer ist ein Mann für alle Fälle, von ihm lassen sich Einsichten beziehen, die nicht unbedingt glücklich(er) machen, wohl aber das herbeireden können, was der heutige Mensch, in ungemütlichen Zeiten und von Vergreisung bedroht, anscheinend am nötigsten braucht: Gelassenheit.

Was man bekommt, wenn man auf Schopenhauer als Lebensberater setzt, davon erzählt dieses Büchlein. Es zeigt, daß man sich seiner Philosophie bedienen kann, ohne ihre Grundannahmen teilen zu müssen oder gar zum Schopenhauerianer zu werden. Schopenhauer selbst hat sein gut bewachtes Weltanschauungsgebäude immer mal wieder gern verlassen, um sich ins Freie zu begeben. Dort befiel ihn, wenn er sich nicht zur Ordnung rief und seine Philosophie unbeaufsichtigt ließ, eine Stimmung, die wenig von sich hermacht, dafür jedoch um so wertvoller ist: «Der Heiterkeit, wann immer sie sich einstellt, sollen wir Tür und Tor öffnen: denn sie kommt nie zur unrechten Zeit, weil nur sie unmittelbar in der Gegenwart beglückt; weshalb sie das höchste Gut ist für Wesen, deren Wirklichkeit die Form einer unteilbaren Gegenwart zwischen zwei unendlichen Zeiten hat ...»

Geld allein ist das absolut Gute

Sie haben kürzlich ein wenig Geld verloren? Das ärgert Sie, und es vermag Sie auch nicht zu trösten, daß es anderen womöglich noch schlechter geht. Gelassenheit fällt schwer, wenn einem beim Betrachten der Kontoauszüge der Titel eines Romans von John Steinbeck in den Sinn kommt: *Blick zurück im Zorn*. Die Finanzkrise, die, nicht ganz unverschuldet, über uns gekommen ist, hätte Schopenhauer zum Anlaß genommen, einmal mehr als Philosoph aufzutreten, der nicht nur über Gott und die Welt Bescheid weiß, sondern auch Fachmann für Vermögensfragen ist. Schopenhauer verstand sich darauf, sein Geld zusammenzuhalten und so geschickt anzulegen, daß es ordentlich Zinsen abwarf. Vor Fehleinschätzungen war man allerdings auch damals nicht sicher: 1826 scheint sich Schopenhauer verspekuliert zu haben, denn er berichtet seinem französischen Jugendfreund Anthime Grégoire: «Ich würde sogar bequem leben, aber unglücklicherweise habe ich einen Fehler begangen, indem ich eine beträchtliche Summe in Mexikanischen Fonds angelegt habe … Mein vermindertes Einkommen genügt noch für ein Leben als Junggeselle, in möblierten Zimmern, mit Essen an der Table d'hôte, alles ohne Luxus, aber anständig; ich habe das Notwendige und nichts weiter.» In Wahrheit hatte Schopenhauer stets mehr als das Notwendige. Im Verlauf seines überaus selbstbewußt absolvierten Lebens gelang es ihm, trotz des mexikanischen Fehltritts, das väterliche Erbe fast zu verdoppeln. Er starb wohlhabend, rechnete aber bis zuletzt mit dem Schlimmsten, das er vor allem in seinen Mitmenschen verkörpert sah, denen er nicht über den Weg traute: «Der Mensch ist im Grunde ein wildes entsetzliches Tier. Wir kennen es bloß im Zustande der Bändigung und Zähmung, welcher Zivilisation heißt; daher erschrecken uns die gelegentlichen Ausbrüche seiner Natur. Aber wo und wann einmal Schloß und Kette der gesetzlichen Ordnung abfallen und Anarchie eintritt, da zeigt sich, was er ist.» Vor dem mühsam zivilisierten Tier Mensch muß der Mensch auf der Hut sein, besonders dann, wenn er Philosoph ist und Schopenhauer heißt. Um es den Ganoven, die überall lauern, nicht unnötig leicht zu machen, entwickelte Schopenhauer mit den Jahren ein hauseigenes Sicherheitssystem, das er für ähnlich durchdacht hielt wie seine Philosophie. Schopenhauers Testamentsvollstrecker Wilhelm Gwinner berichtet: «Seine Wertsachen hielt er dergestalt versteckt, daß trotz der lateinisch gegebenen Anweisung, die sein Testament dazu gab, einzelnes nur mit Mühe zu finden war. Keine Aufzeichnung, die sein Vermögen, seine häusliche Ökonomie und seine sonstigen Privatangelegenheiten betraf, vertraute er der Landessprache an; er führte sein Rechnungsbuch seit seiner Rückkehr aus Italien englisch und bediente sich bei wichtigen Geschäftsnotizen des Lateinischen und Griechischen. Um sich vor Dieben zu schützen, wählte er täuschende Aufschriften, verwahrte seine Wertpapiere als ‹Arcana medica› (Geheimmittel), die Zinsabschnitte besonders, in alten Briefen und Notenheften, und Goldstücke als Notpfennig unter dem Tintenfasse im Schreibpult.»

Schopenhauer wußte den Wert seines vom Vater geerbten Vermögens zu schätzen. Es erwies sich, neben der Philosophie, die er sich ausgedacht hatte und die er verteidigte, auch wenn keine Angreifer in Sicht waren, als die eigentliche Konstante seines Lebens. Auf sie konnte er bauen: «Vorhandenes Vermögen soll man betrachten als eine Schutzmauer gegen die vielen möglichen Übel und Unfälle; nicht als eine Erlaubnis oder gar Verpflichtung, die Pläsiers der Welt heranzuschaffen. Leute, die von Hause aus kein Vermögen haben, aber endlich in die Lage kommen, durch ihre Talente, welcher Art sie auch seien, viel zu verdienen, geraten fast immer in die Einbildung, ihr Talent sei das bleibende Kapital und der Gewinn dadurch die Zinsen. Leute, welche ererbtes Vermögen besitzen» hingegen, «wissen … sogleich ganz richtig, was das Kapital und was die Zinsen sind. Die meisten werden daher jenes sicherzustellen suchen, keinesfalls es angreifen, ja womöglich ein Achtel der Zinsen zurücklegen, künftigen Stockungen zu begegnen. Sie bleiben daher meisten im Wohlstande …»

Vermögen zu haben ist von Vorteil, und zwar in allen Lebenslagen. Wer sich um seine Existenzsicherung keine Sorgen machen muß, hat den Kopf frei für andere Dinge. Schopenhauer, als Hochschullehrer gescheitert und lange Jahre ein nahezu unbekannter Autor, konnte für die Philosophie leben, weil er sich finanziell abgesichert wußte. Er zog daraus den kühnen Schluß, daß sich nicht nur seine Philosophie, sondern auch seine persönliche Lebenssituation als beispielgebend begreifen ließ: «Von Hause aus so viel zu besitzen, daß man in wahrer Unabhängigkeit, d.h. ohne zu arbeiten, bequem leben kann, ist ein unschätzbarer Vorzug. Nur unter dieser Begünstigung des Schicksals ist man eigentlich als ein wahrer Freier geboren: Denn nur so ist man Herr seiner Zeit und seiner Kräfte und darf jeden Morgen sagen: ‹Der Tag ist mein.› Seinen höchsten Wert aber erlangt das Vermögen, wenn es dem zugefallen ist, der mit geistigen Kräften höherer Art ausgestattet, Bestrebungen verfolgt, die sich mit dem Erwerbe nicht wohl vertragen.» Bei dieser Beschreibung hatte Schopenhauer den einzigen Menschen vor Augen, der ihm wirklich nahestand, nämlich Schopenhauer. Er tat etwas für sein Geld, fand er; sein Leben diente der allgemeinen Wertschöpfung, ja glich einem «Monodrama» zur «Beförderung der Wahrheit an das Menschengeschlecht». Und so konnte er, ohne den Anflug eines Zweifels, von sich behaupten: «Der Natur und dem Rechte des Menschen entgegen habe ich meine Kräfte dem Dienste meiner Person und der Förderung meines Wohlseins entziehen müssen, um sie dem Dienste der Menschheit zu schenken.» Tatsächlich hat er wohl beiden gedient, seinem Wohlsein und der Menschheit.

1819 bekam Schopenhauer Gelegenheit, seinen philosophisch-ökonomischen Sachverstand einer praktischen Bewährungsprobe zu unterziehen. Es galt eine Finanzkrise zu bestehen, die keine globalen Ausmaße hatte, ihn aber persönlich empfindlich zu treffen drohte. Im März 1818 hatte er sein Hauptwerk *Die Welt als Wille und Vorstellung* abgeschlossen, das Anfang 1819 bei Brockhaus in Leipzig erschien. Die Drucklegung seines Buches wollte er nicht abwarten; im September 1818 brach er zu seiner ersten Italienreise auf. Im Juni 1819, als er sich schon auf der Rückreise befand, erreichte ihn in Mailand ein alarmierender Brief seiner Schwester Adele. Sie teilte ihm mit, daß das Danziger Bankhaus Muhl & Co, dem die Mutter ihr gesamtes Vermögen und Arthur mehr als ein Drittel seiner Kapitalien anvertraut hatte, in Zahlungsschwierigkeiten geraten war. Muhl ersuchte seine Gläubiger stillzuhalten und verwies auf die Möglichkeit eines Vergleichs; ohne eine solche Übereinkunft, ließ der Bankier verlauten, drohe der endgültige Konkurs seines Hauses. Schopenhauer war empört und mißtrauisch zugleich, er weigerte sich, dem Vergleich beizutreten. Auch die inständigen Bitten seiner Schwester, die in dem Vergleich die Rettung für das Vermögen der Mutter sah, von dem auch sie lebte, konnten ihn nicht umstimmen. Der Philosoph, dessen Gesamtvermögen sich damals auf mehr als 22 000 Taler belief, die etwa 1540 Taler Zinsen abwarfen, blieb stur. Er hielt es für angebracht, das Problem auszusitzen. Muhls Vorschläge, ihn abzufinden, lehnte er allesamt ab. Er bestand auf der vollen Auszahlung seiner Forderungen. Sein mit Ingrimm betriebenes Kalkül bestand darin, daß der Bankier, der als gewiefter Taktiker galt, sich in einem Vergleich sanieren mußte und wieder zahlungsfähig würde. Schopenhauer hätte dann erneut seinen Wechsel präsentieren können und wäre zur Gänze ausbezahlt worden. Muhl zog alle Register seines Könnens. Er bot erst dreißig Prozent der geforderten Summe, dann fünfzig und siebzig; sogar mit einer Schafherde, die noch in seinem Besitz war und als Zugabe dienen sollte, versuchte er seinen hartnäckigsten Gläubiger geneigter zu stimmen. Schopenhauer ging auf Muhls Ausführungen mit boshafter Liebenswürdigkeit ein, ohne dem Bankier auch nur einen Schritt entgegenzukommen. Am 28. Februar 1820 schrieb er an Muhl: «Euer Wohlgeboren geschenktes Zutrauen ist mir als solches heilig. Ich werde mich [aber] jetzt gegen Sie mit der größten Freimütigkeit und ohne allen Rückhalt erklären, damit Sie auch einmal wissen, wie Sie mit mir daran sind [und] sich nicht fruchtlos bemühen mit ähnlichen Anerbietungen wie die letzte. Meine Wechsel sind perennierend, also mein Recht unauslöschlich. Für die Frist wachsen die Zinsen, die auf den Wechseln stehen. Sie sind jetzt so glücklich, mit dreißig Prozent eine ungeheure Schuldenlast abzuwälzen. Ich melde mich nicht, kündige nicht meine Wechsel: Jene ganze Verhandlung geht mich nichts an. Ein Weiser sieht gelassen den Vogel Phönix verbrennen; denn er weiß, daß er verjüngt wieder auferstehen wird.» Muhl ließ nicht locker. Am 1. Mai 1821 beschied ihn der Philosoph: «Sollten Sie also doch noch Zahlungsunfähigkeit vorschützen wollen, so werde ich Ihnen das Gegenteil beweisen durch die famose Schlußart, welche der große Kant in die Philosophie eingeführt, um damit die moralische Freiheit des Menschen zu beweisen, nämlich den Schluß vom Sollen aufs Können. Das heißt: Zahlen Sie nicht gutwillig, so wird der Wechsel eingeklagt.» Auch die Schafherde, die der Bankier ins Gespräch gebracht hatte, blieb nicht unerwähnt: «Nach allem diesem werden Sie wohl nicht mehr erwarten, daß ich auf Ihre Vorschläge eingehe. Ich habe solche nach Ihrem Wunsch hinlänglich überlegt und durchdacht, finde aber, daß, wenn ich mich dazu verstände, ich selbst ein Merinoschaf sein müßte, würdig, unter Ihren Herden zu weiden. Sie sprechen mir von Sicherheit, aber Sie zeigen mir keine: Ich kenne keine andere Sicherheit als gute Hypotheken, und hätten Sie die, könnten Sie leicht Geld darauf erhalten und mich damit loswerden.» Schließlich trat ein, was Schopenhauer erhofft hatte: Muhl wurde wieder zahlungsfähig und mußte den Forderungen des Philosophen entsprechen, der sich selbst zu seinem Erfolg beglückwünschte und einen Satz zu Papier brachte, der, weil er vielseitig anwendbar ist, eine gewisse Bekanntheit erlangte: «Sie sehen, daß man wohl ein Philosoph sein kann, ohne deshalb ein Narr zu sein.»

Solange sich Spekulanten, Finanzzocker und Bereicherungsbanker austoben dürfen, hängt die Welt am Geld. Schopenhauer hatte damit kein Problem: Geld stinkt nicht, es ist das Schmiermittel, das die Gesellschaft in Gang hält. Nur wer Geld hat, kann es sich leisten, sich etwas zu leisten: «Daß die Wünsche der Menschen hauptsächlich aufs Geld gerichtet sind und sie dieses über alles lieben, wird ihnen oft zum Vorwurf gemacht. Jedoch ist es natürlich, wohl gar unvermeidlich, das zu lieben, was als ein unermüdlicher Proteus [verwandlungsfähiger griechischer Meergott] jeden Augenblick bereit ist, sich in den jedesmaligen Gegenstand unserer wandelbaren Wünsche und mannigfaltigen Bedürfnisse zu verwandeln. Jedes andere Gut nämlich kann nur einem Wunsch, einem Bedürfnis genügen: Speisen sind bloß gut für den Hungrigen, Wein für den Gesunden, Arznei für den Kranken, ein Pelz für den Winter, Weiber für die Jugend usw. Sie sind folglich alle nur relativ gut. Geld allein ist das absolut Gute: weil es nicht bloß einem Bedürfnis in concreto begegnet, sondern dem Bedürfnis überhaupt, in abstracto.»

Die sackgroben Formen

Gegen Ihren Finanzberater, der sich zuletzt rar gemacht hat, sind Sie nicht tätlich geworden, und obwohl Ihnen
schlechte Laune zusetzt, geben Sie sich Mühe, mit Ihren Mitmenschen einigermaßen pfleglich umzugehen. Das verdient
Anerkennung, führt aber noch nicht zur Gelassenheit. Schopenhauer war ohnehin der Meinung, daß man es mit der Gelassenheit nicht übertreiben sollte. Gelegentliche Gefühlsaus-
brüche, gerade auch die des Zorns und der Übellaunigkeit, sind
durchaus erlaubt. Er selbst sagte von sich, daß er nur in seiner
Philosophie, die er nach Art einer Überzeugungstäterschaft
pflegte, zur Ruhe gekommen sei, weniger im Leben, das ihm
wiederkehrende Ängste bescherte. «Vom Vater angeerbt ist mir
die von mir selbst verwünschte und mit dem ganzen Aufwande
meiner Willenskraft bekämpfte Angst. Eine furchtbare Phantasie steigert diese Anlage manchmal ins Unglaubliche. Jahrelang
verfolgte mich die Furcht wegen einem Kriminalprozess wegen
der Berliner Affäre, vor dem Verlust meines Vermögens und vor
der Anfechtung der Erbteilung meiner Mutter gegenüber. Ent-
stand in der Nacht Lärm, so fuhr ich aus dem Bette auf und griff
nach Degen und Pistolen, die ich beständig geladen hatte. Auch
wenn keine besondere Erregung eintritt, trage ich eine fortwährend innere Sorglichkeit in mir, die mich Gefahren sehen
und suchen läßt, wo keine sind. Sie vergrössert mir die kleinste
Widerwärtigkeit ins Unendliche und erschwert mir vollends
den Verkehr mit den Menschen.»
Die «Berliner Affäre» (1821), die Schopenhauer erwähnt, war
ein zunächst eher kurios anmutender Vorfall, der sich zu einem

zähen Rechtsstreit auswuchs, an dessen Ende nur noch einer lachen konnte, und das war nicht der Philosoph. Schopenhauer wurde beschuldigt, eine Verwandte seiner Vermieterin, die Näherin Caroline Louise Marquet, aus dem Vorraum seiner Wohnung mit Gewalt hinausbefördert zu haben. Frau Marquet ließ sich «eine beträchtliche Körperverletzung» attestieren und verklagte den Philosophen, der sich in einem Brief an das Berliner Hausvogteigericht gegen die Beschuldigungen zur Wehr setzte und den Vorfall aus seiner Sicht so beschrieb: «Ich forderte die Klägerin mehrfach auf, zu gehen und bot ihr meinen Arm, um sie herauszuführen, wie die Zeugen bestätigen werden. Sie beharrte darauf, bleiben zu wollen. Endlich drohte ich, sie hinauszuwerfen, und da sie mir Trotz bot, geschah dieses, jedoch nicht so, daß ich sie mit beiden Händen an den Hals gefaßt, sondern ich faßte sie, wie es zweckmäßig war, um den ganzen Leib und schleppte sie hinaus, obgleich sie sich aus Leibeskräften wehrte. Wenn sie zufolge dem ärztlichen Testimonium am anderen Tage eine losgerissene Warze und ein paar blaue Flecke aufgewiesen hat, so gebe ich deshalb nicht zu, daß sie solche bei jenem Vorfall bekommen, da bekanntlich das weibliche Geschlecht gar häufig in kränklichem Zustande ist, und ganz besonders, wenn es will.» Schopenhauers Schilderung des Vorfalls schien das Gericht zunächst überzeugt zu haben; das Kammergericht revidierte jedoch die Entscheidung und verdonnerte den Philosophen zu zwanzig Talern Strafe. In letzter Instanz kam es dann noch schlimmer: Frau Marquet konnte nachweisen, daß sie aufgrund der Tätlichkeit rechtsseitige Lähmungserscheinungen hatte und einen Arm nur noch «mühevoll, auf kurze Dauer und unter beständigem Zittern» gebrauchen könne. 1826 wurde Schopenhauer dazu verurteilt, der Näherin ein Schmerzensgeld von 300 Talern zu zahlen, die Kurkosten zu übernehmen und ihr eine jährliche Leibrente von 60 Talern auszusetzen. Anschließend scheint es Caroline Marquet deutlich besser gegangen zu sein, denn sie lebte noch zwanzig Jahre und war dabei, wie Schopenhauer grimmig vermerkt, «klug genug», das «Zittern des Armes nicht einzustellen».

Für den diplomatischen Dienst wäre Schopenhauer nicht geeignet gewesen. Er sagte gern, was er dachte; wie das bei anderen Leuten ankam, interessierte ihn nicht. Seinen Verleger Brockhaus, einen an sich geduldigen Menschen, beschimpfte er ohne ersichtlichen Grund so lange, bis dem der Kragen platzte und er sich weitere Briefe «in den sackgroben Formen, in die sie solche zu kleiden pflegen», verbat. Schopenhauer polterte jedoch ungerührt weiter, so daß sich der Verleger schließlich gezwungen sah, den Briefverkehr mit seinem Autor, den er hausintern als «Kettenhund» bezeichnete, vorübergehend einzustellen. Schopenhauer mußte das nicht schrecken, zumal er noch andere Feinde hatte, von denen ihm seine Kollegen, die verbeamteten Professoren der Philosophie, die liebsten waren. Als «Kopfverderber» und «Scharlatane» galten sie ihm, sie waren «Windbeutel» und «Unsinnsschmierer», wobei er gern auch Namen nannte: «Immer, wenn ich die Phänomenologie des Geistes aufschlug», schrieb er über Hegel, «dachte ich, ich öffnete die Fenster eines Irrenhauses.» Und fügte hinzu: «Die sogenannte Philosophie dieses Hegels ist eine kolossale Mystifikation, welche noch der Nachwelt das unerschöpfliche Thema des Spotts über unsere Zeit liefern wird, eine alle Geisteskräfte lähmende, alles wirkliche Denken erstickende und mittelst des frevelhaftesten Mißbrauchs der Sprache an dessen Stelle den hohlsten, sinnleersten, gedankenlosesten, mithin, wie der Erfolg bestätigt, verdummendsten Wortkram setzende Pseudophilosophie.» Auch von einem anderen bekannten deutschen Idealisten, dem Philosophen Johann Gottlieb Fichte, den sogar der ansonsten höfliche Dichter Joseph von Eichendorff als «höchst komische, kleine, lahme Figur mit versoffner Nase» beschrieb, hielt Schopenhauer nicht viel: «Fichtes Tätigkeit um der Tätigkeit willen ... ist zu exemplifizieren durch einen, der herumspringt und sich mit der Ferse in den Hintern schlägt.»

Schopenhauers Professorenschelte ist natürlich auch dem Umstand geschuldet, daß es ihm nicht gelungen war, selbst auf einem ordentlichen und gut besoldeten Professorensitz Platz zu nehmen; seine Dozententätigkeit in Berlin, die er kühnerweise zur gleichen Zeit auszuüben gedachte, in der der berühmte Hegel seine schwerverständlichen Vorlesungen abhielt, endete mit einem mittleren Desaster. Der Stachel der Enttäuschung saß tief, auch wenn Schopenhauer seine Niederlage gern schönredete und stattdessen lieber über die herzog, die erfolgreicher waren als er. Obwohl ihm eine Universitätskarriere versagt geblieben war, glaubte er zu wissen, wie es so zuging im akademischen Lehrbetrieb: «Mit den Kathederphilosophen unserer Tage freilich gehen die Sachen schneller, da sie keine Zeit zu verlieren haben: nämlich der *eine* Professor verkündet die Lehre seines auf der benachbarten Universität florierenden Kollegen als den endlich erreichten Gipfel menschlicher Weisheit; und sofort ist dieser ein großer Philosoph, der unverzüglich seinen Platz in der Geschichte der Philosophie einnimmt, nämlich in derjenigen, welche ein dritter Kollege zur nächsten Messe in Arbeit hat, der nun ganz unbefangen den unsterblichen Namen der Märtyrer der Wahrheit aus allen Jahrhunderten die werten Namen seiner eben jetzt florierenden wohlbestallten Kollegen anreiht als ebenso viele Philosophen, die auch in Reihe und Glied treten können, da sie sehr viel Papier gefüllt und allgemeine kollegialische Beachtung gefunden haben. Da heißt es dann z. B. ‹Aristoteles und Herbart› oder ‹Spinoza und Hegel›, ‹Platon und Schleiermacher›, und die erstaunte Welt muß sehn, daß die Philosophen, welche die karge Natur ehemals im Laufe der Jahrhunderte nur vereinzelt hervorzubringen vermochte, während dieser letzten Dezennien unter den bekanntlich so hochbegabten Deutschen überall wie die Pilze aufgeschossen sind.»

Der philosophische Betrieb, den Schopenhauer nur schlecht-gelaunt von außen beäugen durfte, läuft wie geschmiert; man erweist sich gegenseitige Liebesdienste und kann, bei normalem Fleiß und Einhaltung der Spielregeln, sicher sein, zumindest bis in die mittleren Lobpreisungsränge aufzurücken, zumal das System der Zuwendungen, in das man sich einbegeben hat, keine höheren Verpflichtungen kennt, sondern ausschließlich nach Kumpaneigesichtspunkten funktioniert: «Natürlich wird dieser Glorie des Zeitalters auf alle Weise nachgeholfen; daher, sei es in gelehrten Zeitschriften oder auch in seinen eigenen Werken, der eine Philosophie-Professor nicht ermangeln wird, die verkehrten Einfälle des andern mit wichtiger Miene und amtlichem Ernst in genaue Erwägung zu ziehn; so daß es ganz aussieht, als handelte es sich hier um wirkliche Fortschritte der menschlichen Erkenntnis. Dafür widerfährt seinem Abortus nächstens dieselbe Ehre, und wir wissen ja, daß nihil officiosius, quam cum mutuum muli scabunt [nichts würdevoller ist, als wenn zwei Maulesel sich gegenseitig kratzen].»

Die Philosophie befindet sich in einem beklagenswert komi-schen Zustand, sie ist auf den Professor gekommen. Schopen-hauer sieht die Gesamtlage düster, aber doch nicht so düster, daß nicht auch ein wenig Behaglichkeit mit im Spiel wäre, die sich seinem besseren Wissen verdankt: «So viele gewöhnliche Köpfe, die sich von Amts und Berufs wegen verpflichtet glau-ben, das vorzustellen, was die Natur mit ihnen am allerwenig-sten beabsichtigt hatte, und die Lasten zu wälzen, welche die Schultern geistiger Riesen erfordern, bieten aber im Ernst ein gar klägliches Schauspiel dar. Denn den Heisern singen zu hö-ren, den Lahmen tanzen zu sehn ist peinlich; aber den be-schränkten Kopf philosophierend zu vernehmen ist unerträg-lich. Um nun den Mangel an wirklichen Gedanken zu verbergen, machen manche sich einen imponierenden Apparat von langen, zusammengesetzten Worten, intrikaten Floskeln, unabsehbaren Perioden, neuen und unerhörten Ausdrücken, welches alles zusammen dann einen möglichst schwierigen und gelehrt klingenden Jargon abgibt. Jedoch sagen sie mit dem allen – nichts: man empfängt keine Gedanken, fühlt seine Einsicht nicht vermehrt, sondern muß aufseufzen: ‹Das Klappern der Mühle höre ich wohl, aber das Mehl sehe ich nicht› – oder auch, man sieht nur zu deutlich, welche dürftige, gemeine, platte und rohe Ansichten hinter dem hochtrabenden Bombast stecken.»

Das bessere Wissen bedarf für den, der es hat, keiner Rechtfertigung; insofern ist es alltagstauglich und befördert die Stabilisierung einer ansonsten eher wackligen Identität. Da es Schopenhauer aber an Selbstbewußtsein ohnehin nicht mangelte, konnte er sein besseres Wissen ungenierter ausbreiten als andere; er mußte, als unabhängiger Privatgelehrter mit großen Ansprüchen, auf niemanden Rücksicht nehmen. Alles war erlaubt, die Beschimpfung seiner Kollegen ebenso wie das Beklagen fataler Zeittendenzen oder der unermüdliche Hinweis auf die noch ausstehende Anerkennung eigener Denkleistungen; aus all dem ließ sich ein vielseitig anwendbarer Kommentar zu Gott und der Welt destillieren, den man zu seinen Lebzeiten erst spät hören wollte, der heute jedoch eine Vergnüglichkeit an sich hat, an der vor allem der unerschrockene philosophische Laie teilhaben kann, der von Schopenhauer weiß, daß es in der Philosophie nicht auf Titel, sondern auf Originalität ankommt. Die ist nicht jedem gegeben: «Nun aber ist, daß ein gewöhnlicher Kopf ungewöhnliche Gedanken haben sollte, gerade so wahrscheinlich, wie daß eine Eiche Aprikosen trüge …» Überheblich sollte man jedoch nicht sein, eher schon selbstbewußt bis an die Grenzen der Bescheidenheit. Und man sollte sich etwas zutrauen: «Nur die eigenen Gedanken zählen», befand Schopenhauer. «Fremde Gedanken sind geschissene Scheiße.»

Eine recht ordentliche Hölle

Von einem unserer zeitgenössischen Schriftsteller, der sich selbst bei seinen Verrichtungen zusah und darüber knapp bemessene Befindlichkeitsprotokolle anfertigte, stammt der Befund: «Ich wirke nicht günstig auf mich.» Das war als wiederkehrende Einsicht gemeint, die eigentlich deprimierend ist, sich in ihrer klaglosen Wiederkehr bei allen möglichen Gelegenheiten aber auch als heiterkeitsstiftend erweist. Schopenhauer wäre nicht auf die Idee gekommen, daß einer wie er ungünstig auf sich selbst wirken könnte; dafür waren wohl eher seine Mitmenschen zuständig, die, mit ihm zusammen, der aber auf Distanz blieb, an einem «Geschäft» beteiligt waren, «das die Kosten nicht deckt». Dieses Geschäft ist das Leben selbst, es hat durchgehend geöffnet, aber seine Ertragslage bessert sich nicht. Kein Wunder – wird dem Kunden doch immer das Gleiche angeboten: «Aus der Nacht der Bewußtlosigkeit zum Leben erwacht findet der Wille sich als Individuum, in einer end- und grenzenlosen Welt, unter zahllosen Individuen, alle strebend, leidend, irrend; und wie durch einen bangen Traum eilt er zurück zur alten Bewußtlosigkeit.» Das Bewußtsein, das gern auch als stolze Errungenschaft gepriesen wird, die uns zu bemerkenswerten Leistungen befähigt hat, erweist sich in Wahrheit als zweifelhaftes Geschenk, dem der Mensch eine Einsicht verdankt, die ihm vielleicht besser verborgen geblieben wäre: «Alles im Leben gibt kund, daß das irdische Glück bestimmt ist, vereitelt oder als eine Illusion erkannt zu werden. Hiezu liegen tief im Wesen der Dinge die Anlagen. Demgemäß fällt das Leben der meisten Menschen trübselig und kurz aus.» Ausnahmen bestätigen die Regel: «Die komparativ Glücklichen sind es meistens nur scheinbar»; sie dienen «als Lockvogel» für einen am Glück orientierten Lebensentwurf, der sich nicht halten läßt, denn «das Glück liegt stets in der Zukunft, oder auch in der Vergangenheit, und die Gegenwart ist einer kleinen dunkeln Wolke zu vergleichen, welche der Wind über eine besonnte Fläche treibt: vor ihr und hinter ihr ist alles hell, nur sie selbst wirft stets einen Schatten.» Fast genüßlich malt Schopenhauer ein Leben auf der Schattenseite aus, das sich allenfalls dem besseren Wissen zu erkennen gibt, ansonsten aber macht, was es will. «Das Leben, mit seinen stündlichen, täglichen, wöchentlichen und jährlichen, kleinen, größern und großen Widerwärtigkeiten, mit seinen getäuschten Hoffnungen und seinen alle Berechnung vereitelnden Unfällen, trägt so deutlich das Gepräge von etwas, das uns verleidet werden soll, daß es schwer zu begreifen ist, wie man dies hat verkennen können und sich überreden lassen, es sei da, um dankbar genossen zu werden, und der Mensch, um glücklich zu sein …»

Nein, um glücklich zu sein ist der Mensch nicht da, das wäre aus Schopenhauers Sicht ein vollkommen vermessenes Anspruchsdenken, das nie und nimmer zu erfüllen ist. Aber wozu ist der Mensch dann da? Um unglücklich zu sein, wie es ihm die Schopenhauersche Philosophie nahezulegen scheint? Auch nicht, die Antwort bleibt offen. Das ist immerhin eine Chance, der Mensch kann sie nutzen und versuchen, eine Antwort auf seine Fragen zu finden, mit der er durchs Leben kommt. Überhaupt sollte der Mensch etwas tun und sich nicht von fatalen Gewißheiten herunterziehen lassen, was ihm sogar der Philosoph Schopenhauer rät, in dessen Ideenwerkstatt die fatalen Gewißheiten ausgeheckt wurden und zur Serienreife gelangten. Auch aus einem anderen Grund sollte der Mensch etwas tun: damit ihm nicht langweilig wird. Die Langeweile ist tückischer als man meint und als Gefahr keineswegs zu unterschätzen:

«Was alle Lebenden beschäftigt und in Bewegung erhält, ist das Streben nach Dasein. Mit dem Dasein aber, wenn es ihnen gesichert ist, wissen sie nichts anzufangen: daher ist das zweite, was sie in Bewegung setzt, das Streben, das Dasein loszuwerden, es unfühlbar zu machen, ‹die Zeit zu töten›, d. h. der Langeweile zu entgehn. Demgemäß sehn wir, daß fast alle vor Not und Sorgen geborgene Menschen, nachdem sie nun endlich alle andern Lasten abgewälzt haben, jetzt sich selbst zur Last sind ...» Wer sich langweilt, dem ist dies anzusehen: «Die Langeweile ist nichts weniger als ein gering zu achtendes Übel: sie malt zuletzt wahre Verzweiflung auf das Gesicht. Sie macht, daß Wesen, welche einander so wenig lieben wie die Menschen, doch sehr einander suchen, und wird dadurch die Quelle der Geselligkeit.» Mit der Geselligkeit aber ist es, zumindest aus Schopenhauers Sicht, der ein überzeugter Ungeselliger war, auch nicht weit her. Die meisten Ablenkungen, mit denen man sich die Zeit vertreibt und der Langeweile zu entkommen sucht, erfüllen, höflich gesagt, nur bescheidene Ansprüche, sie bringen den kleinen Mann in Stimmung, nicht aber den Philosophen mit seinem besseren Wissen. «Dem bei weitem größten Teil der Menschen sind die rein intellektuellen Genüsse nicht zugänglich; der Freude, die im reinen Erkennen liegt, sind sie fast ganz unfähig: sie sind gänzlich auf das Wollen verwiesen. Wenn daher irgend etwas ihnen Anteil abgewinnen, ihnen *interessant* sein soll, so muß es ... irgendwie ihren *Willen* anregen, sei es auch nur durch eine ferne und nur in der Möglichkeit liegende Beziehung auf ihn; er darf aber nie ganz aus dem Spiele bleiben, weil ihr Dasein bei weitem mehr im Wollen als im Erkennen liegt: Aktion und Reaktion ist ihr einziges Element. Die naiven Äußerungen dieser Beschaffenheit kann man aus Kleinigkeiten und alltäglichen Erscheinungen abnehmen: so z. B. schreiben sie an sehenswerten Orten, die sie besuchen, ihre Namen hin, um so zu reagieren, um auf den Ort zu wirken, da er nicht auf sie wirkte: ferner können sie nicht leicht ein fremdes, seltenes Tier bloß betrachten, sondern müssen es reizen, necken, mit ihm spielen, um nur Aktion und Reaktion zu empfinden; ganz besonders aber zeigt jenes Bedürfnis der Willensanregung sich an Erfindung und Erhaltung des Kartenspiels, welches recht eigentlich der Ausdruck der kläglichen Seite der Menschheit ist.»

Der Mensch ist ein Gewohnheitstier mit Sozialkomponente. Es sucht die Nähe zu seinesgleichen, kann damit im Grunde aber nicht viel anfangen. Enttäuschungen sind vorprogrammiert, werden jedoch in Kauf genommen, um von der inneren Einsamkeit abzulenken, die zur Grundausstattung des Menschen gehört. So unterliegen wir, auch bei elitärem Bewußtsein, einem Geselligkeitswahn, der unser Zusammenleben zu einer tückischen Veranstaltung mit Wiederholungszwang macht. Schopenhauer hat dafür ein bekanntes Gleichnis gefunden: «Eine Gesellschaft Stachelschweine drängte sich an einem kalten Wintertage recht nahe zusammen, um durch die gegenseitige Wärme sich vor dem Erfrieren zu schützen. Jedoch bald empfanden sie die gegenseitigen Stacheln; welches sie dann wieder voneinander entfernte. Wenn nun das Bedürfnis der Erwärmung sie wieder näher zusammenbrachte, wiederholte sich jenes zweite Übel; so daß sie zwischen beiden Leiden hin- und hergeworfen wurden, bis sie eine mäßige Entfernung voneinander herausgefunden hatten, in der sie es am besten aushalten konnten. – So treibt das Bedürfnis der Gesellschaft, aus der Leere und Monotonie des eigenen Innern entsprungen, die Menschen zueinander, aber ihre vielen widerwärtigen Eigenschaften und und unerträglichen Fehler stoßen sie wieder voneinander ab. Die mittlere Entfernung, die sie endlich herausfinden und bei welcher ein Beisammensein bestehn kann, ist die Höflichkeit und feine Sitte.» Gesittete Umgangsformen sind zweckmäßig, sie erleichtern das Zusammenleben, mehr nicht. Am besten ist der dran, der, wie Schopenhauer, auf Gesellschaft verzichten zu können glaubt: «Wer viel eigene innere Wärme hat, bleibt lieber aus der Gesellschaft weg, um keine Beschwerde zu geben noch zu empfangen.» Im stillen Kämmerlein, unbehelligt von seinesgleichen, läßt sich dann noch einmal, mit behaglichem Schaudern, zusammenfassen, wie es so zugeht im Leben der Menschen: «Wer zwei oder gar drei Generationen des Menschengeschlechts erlebt, dem wird zumute wie dem Zuschauer der Vorstellungen der Gaukler aller Art in Buden während der Messe, wenn er sitzen bleibt und eine solche Vorstellung zwei- oder dreimal hintereinander wiederholen sieht: die Sachen waren nämlich nur auf eine Vorstellung berechnet, machen daher keine Wirkung mehr, nachdem die Täuschung und die Neuheit verschwunden ist.» Das Schauspiel des Lebens ist mit Laiendarstellern besetzt, die bislang noch jedes Stück verhunzt haben. Der Zuschauer wendet sich mit Grausen: «Man möchte toll werden, wenn man die überschwenglichen Anstalten betrachtet, die zahllosen flammenden Fixsterne im unendlichen Raum, die nichts weiter zu tun haben, als Welten zu beleuchten, die der Schauplatz der Not und des Jammers sind und im glücklichsten Fall nichts abwerfen als Langeweile – wenigstens nach dem uns bekannten Probestück zu urteilen. Sehr zu beneiden ist niemand, sehr zu beklagen unzählige. – Das Leben ist ein Pensum zum Abarbeiten.»

Vom Hochsitz seiner Philosophie, die er sich wetterfest und urheberfreundlich gemacht hat, schaut Schopenhauer auf das wimmelnde Dasein der Menschen, zu dem er, das ist er sich schuldig, auf Distanz bleibt. Nur so kann er überleben, ohne Schaden zu nehmen. Was er empfindet, ist, bestenfalls, Mitleid, das ihm aber, davon wird noch die Rede sein, eher als theoretische Größe dient, für die man nicht unbedingt praktische Konsequenzen oder gar persönliches Engagement einfordern muß. Auch wenn man vor Mitleid gelegentlich zerfließen möchte – der einmal erkannte Grundtatbestand bleibt bestehen: «Wenn man die verstocktesten Optimisten durch die Krankenhospitäler, Lazarette und chirurgischen Marterkammern, durch die Gefängnisse, Folterkammern und Sklavenställe, über Schlachtfelder und Gerichtsstätten führen, dann alle die finstern Behausungen des Elends, wo es sich vor den Blicken kalter Neugier verkriecht, ihm öffnen und zum Schluß ihn in den Hungerturm des Ugolino blicken lassen wollte, so würde sicherlich auch er zuletzt einsehn, welcher Art diese meilleur des mondes possibles [diese beste aller möglichen Welten] ist. Woher denn anders hat Dante den Stoff zu seiner Hölle genommen als aus dieser unserer wirklichen Welt? Und doch ist es eine recht ordentliche Hölle geworden. Hingegen als er an die Aufgabe kam, den Himmel und seine Freuden zu schildern, da hatte er eine unüberwindliche Schwierigkeit vor sich, weil eben unsere Welt gar keine Materialien zu so etwas darbietet.»

Auf der Welt geht es schon deswegen erbärmlich zu, weil dort der Mensch, der aus einem elend langen Evolutionsprozeß als durchsetzungswilligstes Tier mit Intelligenzbeigabe hervorgegangen ist, die Meinungsführerschaft innehat und sich die Dinge so zurechtlegt, wie er sie brauchen kann. Auf das weitgehend von ihm selbst verantwortete Wirklichkeitsgeschehen kann der Mensch nicht stolz sein, auf sich selbst noch weniger. Bei einer «realistischen», an Schopenhauer angelehnten Betrachtung seiner selbst müßte ihm eigentlich angst und bange werden. Seine Aussichten sind nämlich gleichbleibend unerfreulich: «Welch ein Abstand ist doch zwischen unserm Anfang und unserm Ende! Jener in dem Wahn der Begier und dem Entzücken der Wollust; dieses in der Zerstörung aller Organe und dem Moderduft der Leichen. Auch geht der Weg zwischen beiden, in Hinsicht auf Wohlsein und Lebensgenuß, stetig bergab: die selig träumende Kindheit, die fröhliche Jugend, das mühselige Mannesalter, das gebrechliche, oft jämmerliche Greisentum, die Marter der letzten Krankheit und endlich der Todeskampf – sieht es nicht geradezu aus, als wäre das Dasein ein Fehltritt, dessen Folgen allmählich und immer mehr offenbar würden?»

Aber ist das wirklich so? Kann man nicht das alles auch ganz anders sehen und das Leben als Geschenk begreifen, das uns ein unbekannter Wohltäter übergeben hat, der sich seither aus allem heraushält? Es gibt viele Dinge auf der Welt, an denen man sich freuen kann – wenn man sich denn noch freuen kann und nicht zuviel Schopenhauer gelesen hat. Auf ideologischen Frohsinn, aus dem sich, wenn man es denn einigermaßen geschickt anstellt, eine unerschrocken positive Weltsicht herleiten läßt, die mindestens genauso begründet erscheint wie ihr im Gewand der Griesgrämigkeit auftretender Gegenentwurf, reagiert Schopenhauer ausgesprochen ungnädig. Dem «Optimisten», der ihm mit zunehmender Verfestigung seiner Philosophie zum Lieblingsfeind wird, ruft er zu: «Und dieser Welt, diesem Tummelplatz gequälter und geängstigter Wesen, welche nur dadurch bestehn, daß eines das andere verzehrt, wo daher jedes reißende Tier das lebendige Grab tausender anderer, und seine Selbsterhaltung eine Kette von Martertoden ist, wo sodann mit der Erkenntnis die Fähigkeit, Schmerz zu empfinden, wächst, welche daher im Menschen ihren höchsten Grad erreicht und einen um so höheren, je intelligenter er ist, – dieser Welt hat man das System des *Optimismus* anpassen und sie als das beste unter den möglichen andemonstrieren wollen. Die Absurdität ist schreiend.»

Der Optimist jedoch, ähnlich unbelehrbar wie Schopenhauer, zeigt sich wenig beeindruckt und bittet den Kontrahenten, seine negative Einstellung einmal außer acht zu lassen und die Welt aus einer ganz anderen Perspektive zu betrachten. Damit aber kann er bei Schopenhauer erst recht nicht landen: «Ein Optimist (heißt) mich die Augen öffnen und hineinsehn in die Welt, wie sie so schön sei im Sonnenschein, mit ihren Bergen, Tälern,

Strömen, Pflanzen, Tieren usf. – Aber ist die Welt denn ein Guckkasten? Zu *sehn* sind diese Dinge freilich schön, aber sie zu *sein* ist ganz etwas anderes.» Auch der Verweis auf die staunenswerte Zweckmäßigkeit der Welt, den der Optimist nachschiebt, vermag Schopenhauer nicht zu beeindrucken, im Gegenteil. Einen gewissen Qualitätsstandard im Wirklichkeitsbetrieb sollte der Mensch ruhig erwarten dürfen, zumal er, für sich selbst und die ihm überantwortete Existenz, kein Umtauschrecht hat. «Dann kommt» also «ein Teleolog und preist mir die weise Einrichtung an, vermöge welcher dafür gesorgt sei, daß die Planeten nicht mit den Köpfen gegeneinander rennen, Land und Meer nicht zu Brei gemischt, sondern hübsch auseinandergehalten seien, auch nicht alles in beständigem Frost starre, noch von Hitze geröstet werde, imgleichen infolge der Schiefe der Ekliptik [Neigung der Erdachse] kein ewiger Frühling sei, in welchem nichts zur Reife gelangen könne und dergleichen mehr. – Aber dieses und alles ähnliche sind ja bloße *conditiones sine quibus non* [unerläßliche Bedingungen]. Wenn es nämlich überhaupt eine Welt geben soll, wenn ihre Planeten, wenigstens solange wie der Lichtstrahl eines entlegenen Fixsterns braucht, um zu ihnen zu gelangen, bestehn und nicht, wie Lessings Sohn, gleich nach der Geburt wieder abfahren sollen; – da durfte sie freilich nicht so ungeschickt gezimmert sein, daß schon ihrem Grundgerüst der Einsturz drohte.»

Der Optimist hat sich verabschiedet, grußlos. Er ist nicht überzeugt, warum auch, und wird sich weiter seines Lebens freuen, das Schopenhauer, der das schon immer wußte, für von Grund auf verfehlt hält. Schuldige dafür gibt es nicht – es ist nun mal so, wie es ist. Wir haben das Leben anzunehmen, die Fluchtwege sind verstellt. Was wir immerhin können, ist, uns in eine bessere Welt hineinzuträumen. Schopenhauers Antipode Hegel hatte dafür einen Generalbevollmächtigten entdeckt, an den sich fast alles delegieren ließ, den «Geist». Der bekommt im anfangs eher schleppend verlaufenden Entwicklungsgang von Hegels Philosophieren schließlich die Bürde des gesamten weltgeschichtlichen Prozeßdenkens aufgepackt, worunter er, ins System gezwängt, vernehmbar ächzt. Was ihm aber nichts nützt, denn der Geist ist, vornehmlich als Hegel sich in seinen Anfängen herumtreibt und seinen Weg als Philosoph erst noch suchen muß, auch für den Kleinkram unserer Bewußtseinsarbeit zuständig, wozu die schöne Beschäftigung des Träumens gehört, von der Hegel, nachdem er einen Ruf als oberster Vernunfttherr zu verteidigen hat, nicht mehr viel wissen will. Einig sind sich Hegel und Schopenhauer ohnedies, dafür ist die Abneigung speziell von seiten Schopenhauers zu groß, je gegeneinander festgehalten zu haben, daß der Mensch in seinem insgesamt prekären Leben mit vielem rechnen kann, nur nicht mit dauerhaftem Glück. «Ein leeres Blatt» sieht Hegel vor sich, wenn er im Buch der Weltgeschichte nach dem Glück des Einzelnen suchen soll, während Schopenhauer, wie es seine Art ist, von vornherein grundsätzlich wird: «Es gibt nur *einen* angeborenen Irrtum, und es ist der, daß wir da sind, um glücklich zu sein. Angeboren ist er uns, weil er mit unserm Dasein selbst zusammenfällt, und unser ganzes Wesen eben nur seine Paraphrase, ja unser Leib sein Monogramm ist: sind wir eben doch nur Wille zum Leben; die sukzessive Befriedigung alles unseres Wollens aber ist, was man durch den Begriff des Glückes denkt.»

Schopenhauer spricht wie einer, der ausgezogen ist, sein Glück im Unglück zu machen, das sich bei ihm, da ihm durchweg eine privilegierte Existenz beschieden ist, allerdings vornehm zurückhält. Von Schicksalsschlägen bleibt er verschont, er erfreut sich meist bester Gesundheit, und Geldsorgen muß er sich, wie erwähnt, auch nicht machen. Da läßt es sich gut über das Glück der anderen philosophieren, das, so seine wohlige Diagnose, allein schon deswegen nicht entstehen kann, weil es nicht entstehen soll. Das Glück glänzt durch Abwesenheit, es ist ein Erinnerungswert, dem auch dann nicht zu trauen ist, wenn er im nachhinein anklingen läßt, daß er zuvor doch wohl einiges zu bieten hatte. «Was nicht anwesend ist, ist es manchmal dadurch gerade sehr», stellte der Dichter Robert Walser einmal fest, eine Einsicht, die vielseitig verwendbar ist und auch für den chronisch verhuschten Zustand des Glücklichseins gilt, den wir kaum mehr real, wohl aber in wehmütiger Rückschau wahrnehmen können. Schopenhauer liefert dazu eine eher sachliche Analyse: «Wir fühlen den Schmerz, aber nicht die Schmerzlosigkeit; wir fühlen die Sorge, aber nicht die Sorglosigkeit; die Furcht, aber nicht die Sicherheit. Wir fühlen den Wunsch, wie wir Hunger und Durst fühlen; sobald er aber erfüllt worden, ist es damit wie mit dem genossenen Bissen, der in dem Augenblick, da er verschluckt wird, für unser Gefühl dazusein aufhört. Genüsse und Freuden vermissen wir schmerzlich, sobald sie ausbleiben: aber Schmerzen, selbst wenn sie nach langer Anwesenheit ausbleiben, werden nicht unmittelbar vermißt, sondern höchstens wird absichtlich, mittels der Reflexion, ihrer gedacht. Denn nur Schmerz und Mangel können positiv empfunden werden und kündigen daher sich selbst an: das Wohlsein hingegen ist bloß negativ. Daher eben werden wir der drei größten Güter des Lebens, Gesundheit, Jugend und Freiheit, nicht als solcher inne, solange wir sie besitzen; sondern erst, nachdem wir sie verloren haben: denn auch sie sind Negationen.» Nun mag man einwenden, daß man sehr wohl glücklich sein kann, ohne irgendwelche schöngefärbten Reminiszenzen bemühen zu müssen: Zum Glück in seinen innigsten Momentaufnahmen reicht eine rauschhafte Gegenwart, die sich speziell für Frischverliebte als eine wunderbare Übung darstellt, in der sie es rasend schnell zur Meisterschaft bringen. Das Glück genügt sich selbst, es will erlebt werden; zur Berichterstattung taugt es schon nicht mehr. Das ist auch der Poesie anzumerken, die vom vollkommenen Glück allenfalls rhythmisch zu stammeln vermag; poetisch wird es erst wieder, wenn sich die Liebe nicht mehr als Glücks-, sondern als Problemfall zeigt. Dann wiegen die *versunknen schönen Tage*, die man absolviert zu haben meint, um so schwerer; das Glück rückt ab, um sich im fernen Andenken noch einmal um so verführerischer zu präsentieren. Was die Registratur seiner Gefühlszustände angeht, ist der Mensch ein Erfüllungsgehilfe des Abwesenden: «Daß Tage unseres Lebens glücklich waren, merken wir erst, nachdem sie unglücklichen Platz gemacht haben. – In dem Maße, als die Genüsse zunehmen, nimmt die Empfänglichkeit für sie ab: das Gewohnte wird nicht mehr als Genuß empfunden. Eben dadurch aber nimmt die Empfänglichkeit für das Leiden zu: denn das Wegfallen des Gewohnten wird schmerzlich gefühlt. Also wächst durch den Besitz das Maß des Notwendigen, und dadurch die Fähigkeit, Schmerz zu empfinden.» Im Grunde ist derjenige am besten dran, der nicht groß über sein Leben nachdenkt. Auch nicht darüber, ob er nun glücklich ist oder nicht. Die Zutat des Bewußtseins erschwert jede Daseinslage, kompliziert sie in unnötiger Weise. Also sollte man genießen, was zu genießen ist, und wachsam wie ein Schießhund sein, der bei Schopenhauer zur Ausbildung war. «Die Stunden gehen desto schneller hin, je angenehmer; desto langsamer, je peinlicher sie zugebracht werden: weil der Schmerz, nicht der Genuß das Positive ist, dessen Gegenwart sich fühlbar macht. Ebenso werden wir bei der Langenweile der Zeit inne, bei der Kurzweil nicht. Beides beweist, daß unser Dasein dann am glücklichsten ist, wenn wir es am wenigsten spüren: woraus folgt, daß es besser wäre, es nicht zu haben.»

Eine wirkliche Alternative aber wäre die Nichtexistenz sicherlich nicht, auch und gerade für den Daseinsanalytiker Schopenhauer, der dann nicht in den Genuß gekommen wäre, eine kaum lernfähige Menschheit mit einer Philosophie zu «beglücken», die nicht eben frohsinnsfördernd ist und eigentlich nur Verachtung für ihre Adressaten übrig hat. Im übrigen ist das Ärgernis des Daseins wohl eher etwas für Literaten, die sich bei der Beschäftigung damit mehr Zeit nehmen können als ein Philosoph, der mit seinem Urteil, gestützt auf die hauseigene Beweislage, schnell bei der Hand ist. «Große, lebhafte Freude läßt sich schlechterdings nur denken als Folge großer vorhergegangener Not: denn zu einem Zustand dauernder Zufriedenheit kann nichts hinzukommen als etwas Kurzweil, aber auch Befriedigung der Eitelkeit. Darum sind alle Dichter genötigt, ihre Helden in ängstliche und peinliche Lagen zu bringen, um sie daraus wieder befreien zu können: Drama und Epos schildern demnach durchgängig nur kämpfende, leidende, gequälte Menschen, und jeder Roman ist ein Guckkasten, darin man die Spasmen und Konvulsionen des geängstigten menschlichen Herzens betrachtet.»

Erweist sich das Bewußtsein bei der Bewertung des Daseins schon als hinderlich, weil es Erkenntnisse zutage fördert, die besser unterblieben wären, so trägt ein aufgeklärtes (sprich: philosophisch unterwandertes) Bewußtsein noch zur Verschärfung der Lage bei. Verkürzt gesagt: Je klüger der Mensch ist, der sich zur Nachdenklichkeit anhält, desto mehr muß er mit unangenehmen Ergebissen rechnen. Schopenhauer, der sich an der Spitze der aufgeklärten Philosophen sieht, ist das nur recht, ja, er konstatiert die absehbare Tendenz philosophischer Einsichtnahme, wenn sie denn zu seinen weltanschaulichen Gunsten ausfällt, mit angenehmem Grausen, das ihm für eine weitere Variante der Gelassenheit einsteht: «Während … der Gedankenlose sich eben bloß in der Wirklichkeit geplagt fühlt, kommt bei dem, welcher denkt, zur Pein in der Realität noch die theoretische Perplexität hinzu, warum eine Welt und ein Leben, welche doch einmal dazu da sind, daß man darin glücklich sei, ihrem Zweck so schlecht entsprechen? Sie macht vor der Hand sich Luft in Stoßseufzernn wie: ‹Ach, warum sind der Tränen unter'm Mond so viel?› u. dergl. m.; in ihrem Gefolge aber kommen beunruhigende Skrupel gegen die Voraussetzungen jener vorgefaßten optimistischen Dogmen. Immerhin mag man dabei versuchen, die Schuld seiner individuellen Unglückseligkeit bald auf die Umstände, bald auf andere Menschen, bald auf sein eigenes Mißgeschick, oder auch Ungeschick, zu schieben, auch wohl erkennen, wie diese sämtlich dazu mitgewirkt haben; dieses ändert doch nichts an dem Ergebnis, daß man den eigentlichen Zweck des Lebens, der ja im Glücklichsein bestehe, verfehlt habe; worüber dann die Betrachtung, zumal wenn es mit dem Leben schon auf die Neige geht, oft sehr niederschlagend ausfällt: daher tragen fast alle ältlichen Gesichter den Ausdruck dessen, was man auf Englisch *disappointment* [Enttäuschung] nennt.»

Das klingt einleuchtend; man muß allerdings empfänglich sein für die Schopenhauersche Weltsicht, vielleicht auch schon vor der Zeit in jene Jahre gekommen sein, die den Rückblick nahelegen, das Bilanzieren bei noch lebendigem Leib. Von diesen Jahren erwartet man nicht mehr viel; allenfalls Altersweisheit, die einem aber auch nicht automatisch zufliegt, selbst dann nicht, wenn man bis zum Überdruß Schopenhauer gelesen hat. Bei manchen reicht es nur zum Alter, nicht zur Weisheit, die sich keineswegs nur an rüstige, ihren Geist noch für hellwach haltende Rentner heranmacht, sondern erlebt, erfahren, erarbeitet werden will. Insofern können auch junge Leute liebsame Begegnungen mit der Altersweisheit haben; die Regel ist das aber, dankenswerterweise, nicht. Wo kämen wir hin, wenn sich die normalen Lebensverlaufslinien zu unseren Ungunsten verschöben, wenn also Kinder nur noch kindisch oder, im noch ungünstigeren Fall, altklug sind; wenn junge Leute ihre Jugend vergessen und sich stattdessen einschläfernd altersweise geben; und die ganz Alten zuletzt alles ausbaden müssen, indem sie hemmungslos dement werden? Schopenhauer hat für die Glücklichen, die sich von seiner Philosophie nicht überzeugen lassen (warum auch; haben sie doch genug damit zu tun, glücklich zu sein), vorwiegend Spott übrig, ist sich seiner Sache aber nur vordergründig sicher, weswegen er nicht müde wird, an den gewöhnlichen Lauf der Dinge zu erinnern, aus dem sich seiner Meinung nach nur ein Fazit ziehen läßt: «Bis dahin (hat uns) jeder Tag unseres Lebens gelehrt, daß die Freuden und Genüsse, auch wenn erlangt, an sich selbst trügerisch sind, nicht leisten, was sie versprechen, das Herz nicht zufrieden stellen und endlich ihr Besitz wenigstens durch die sie begleitenden, oder aus ihnen entspringenden Unannehmlichkeiten vergällt wird; während hingegen die Schmerzen und Leiden sich als sehr real erweisen und oft alle Erwartung übertreffen. – So ist denn allerdings im Leben alles geeignet, uns von jenem ursprünglichen Irrtum zurückzubringen und uns zu überzeugen, daß der Zweck unseres Daseins nicht der ist, glücklich zu sein. Ja, wenn näher und unbefangen betrachtet, stellt das Leben sich vielmehr dar, wie ganz eigentlich darauf abgesehn, daß wir uns *nicht* glücklich darin fühlen sollen, indem dasselbe, durch seine ganze Beschaffenheit, den Charakter trägt von etwas, daran uns der Geschmack genommen, das uns verleidet werden soll und davon wir, als von einem Irrtum, zurückzukommen haben, damit unser Herz von der Sucht zu genießen, ja, zu leben, geheilt und von der Welt abgewendet werde. In diesem Sinne wäre es demnach richtiger, den Zweck des Lebens in unser Wehe, als in unser Wohl zu setzen.»

Immer derselbe

Fürs Glück sind wir nicht gemacht, sagt Schopenhauer, wir bekommen aber, was wir verdienen: Der Mensch nämlich hat gar keinen Anspruch darauf, glücklich zu sein. Er ist, wenn man so will, ein Charakterschwein, dem, mühsam genug, Manieren beigebracht wurden, die man jederzeit wieder vergessen kann. Was seine Selbsteinschätzung angeht, muß sich der Mensch andauernd etwas vormachen. Da er es lieber vornehm als animalisch hat, will er nicht wahrhaben, daß er sich keineswegs so hoch über das Tierreich erhoben hat, wie er glaubt: «Der Mensch ist im Grunde ein wildes, entsetzliches Tier. Wir kennen es bloß im Zustande der Bändigung und Zähmung, welcher Zivilisation heißt: daher erschrecken uns die gelegentlichen Ausbrüche seiner Natur. Aber wo und wann einmal Schloß und Kette der gesetzlichen Ordnung abfallen und Anarchie eintritt, da zeigt sich, was er ist.» Der Mensch hat Karriere gemacht, was ihm nicht gut bekommen ist. Seine Herkunft kann er nicht verleugnen, im Gegenteil. Dennoch darf er sich für einzigartig halten, aus schlechtem Grund: «Der Mensch ist das einzige Tier, welches andern Schmerz zufügt, ohne weitern Zweck als ebendiesen ... Kein Tier jemals quält, bloß um zu quälen; aber dies tut der Mensch, und dies macht den teuflischen Charakter aus, der weit ärger ist als der bloß tierische ... Darum fürchten alle Tiere instinktmäßig den Anblick, ja, die Spur des Menschen ... Der Instinkt trügt auch hier nicht: denn allein der Mensch macht Jagd auf das Wild, welches ihm weder nützt noch schadet.»

Wer so von seinesgleichen denkt, ohne dabei von sich auf andere zu schließen, kann als Devise nur den Aufruf zu flächendeckendem Mißtrauen ausgeben. Seinen Mitmenschen traut Schopenhauer alles zu, vor allem alles Schlechte; von sich selbst möchte er in diesem Zusammenhang nicht reden, er bleibt lieber allgemein: «Wirklich liegt also im Herzen eines jeden ein wildes Tier, das nur auf Gelegenheit wartet, um zu toben und zu rasen, indem es andern wehe tun und, wenn sie ihm gar den Weg versperren, sie vernichten möchte: es ist ebendas, woraus die Kampf- und Kriegeslust entspringt; und ebendas, welches zu bändigen und einigermaßen in Schranken zu halten die Erkenntnis, sein beigebener Wächter, stets vollauf zu tun hat.» Die Vernunftleistungen des Menschen, von ihm selbst gern überhöht, haben nach Schopenhauer vor allem eine Funktion: sie sollen zur Überwachung seiner destruktiven Impulse dienen. Damit hat er genug zu tun; wenn er sich darüber hinaus noch zu Kulturleistungen aufschwingt, ist das eine willkommene Zugabe, auf die man sich jedoch nicht viel einbilden sollte. Das privat und institutionell arretierte Raubtier im Menschen lauert auf Ausbruch, der jederzeit erfolgen kann. Daß dem so ist, verdankt sich keiner schlechten Laune des Schöpfers (wer auch immer das sein mag), sondern wird von Schopenhauer zu unserer natürlichen Mitgift gezählt. Wenn man so will, hat der Mensch damit eine Entschuldigung parat, auf die er sich im Daseinskampf, der über Leichen geht, zumindest aber jede Menge Verletzungen und Leid hinterläßt, berufen kann. Das aber würde zu kurz greifen und unsere mühsam ausbalancierte gesellschaftliche Ordnung, im besonderen das Rechtssystem, untergraben. Zunächst muß der Mensch lernen, den Arbeitskampf seines Daseins nach festen Regeln zu führen und sich dabei nicht nur um sein eigenes Wohlergehen, sondern auch um das anderer Leute zu sorgen. Mit Nächstenliebe hat das nichts zu tun, wohl aber mit Nützlichkeitserwägungen, denn in den

Augen seiner Mitmenschen ist der Einzelne selbst immer ein Anderer, der darauf hoffen muß, daß man mit ihm ähnlich pfleglich umgeht wie er mit sich selbst. Eine höhere, gar theologisch inspirierte Erklärung für das eher deprimierend anmutende Treiben des Menschen auf Erden lehnt Schopenhauer ab; seine eigene Philosophie reicht ihm völlig aus: «Man mag es das radikale Böse nennen, als womit wenigstens denen, welchen ein Wort die Stelle einer Erklärung vertritt, gedient sein wird. Ich aber sage: es ist der Wille zum Leben, der, durch das stete Leiden des Daseins mehr und mehr erbittert, seine eigene Qual durch das Verursachen der fremden zu erleichtern sucht. Aber auf diesem Wege entwickelt er sich allmählich zur eigentlichen Bosheit und Grausamkeit.» Wer Schopenhauers Grundüberzeugung von der Schlechtigkeit der menschlichen Natur teilt, kann gar nicht wachsam genug sein. Er muß die andern im Auge behalten – und sich selbst. «Denn die Gehässigkeit unserer Natur würde vielleicht jeden einmal zum Mörder machen, wenn ihr nicht eine gehörige Portion Furcht beigegeben wäre, um sie in Schranken zu halten; und wiederum diese allein würde ihn zum Spott und Spiel jedes Buben machen, wenn nicht in ihm der Zorn bereitläge und Wache hielte.»

Derart beargwöhnt, machen die meisten eher eine bürgerliche als eine kriminelle Karriere; zum Mörder schafft es nicht jeder, wohl aber, ein wenig Geschick vorausgesetzt, zum verdeckt operierenden, angesehenen Mitbürger, der in Wahrheit ein Kleinganove ist. Der kann sich dann, wie sein guter Nachbar auch, an den Pleiten, Pech und Pannen anderer Leute erfreuen, was als unfein gilt, aber weit verbreitet ist. Schopenhauer, der den vorzeitigen Tod seines Widersachers Hegel (1831) als frohe Botschaft begriff und für Beileidsbekundungen keinen Anlaß sah, hat dieses Verhalten pflichtschuldigst kritisiert; missen mochte er es nicht: «Der schlechteste Zug in der menschlichen Natur bleibt aber die *Schadenfreude*, da sie der Grausamkeit enge verwandt ist, ja eigentlich von dieser sich nur wie Theorie und Praxis unterscheidet, überhaupt aber da eintritt, wo das Mitleid seine Stelle finden sollte, welches die wahre Quelle aller echten Gerechtigkeit und Menschenliebe ist.» Wer sich über die Schadenfreude, die man ja auch für ein vergleichsweise harmloses Vergnügen halten kann, so aufregt, wird wissen, wovon er redet. Eine Anekdote besagt, daß Schopenhauer sich inmitten eines kalten Frankfurter Winters einst vor Lachen ausschütten wollte, als er vom sicheren Unterstand seiner Wohnung aus verfolgen durfte, wie eine beleibte ältere Dame auf überfrorener, leicht abschüssiger Straße unfreiwillig Fahrt aufnahm und unter lauten Warn- und Hilferufen einige Meter weiter auf eine andere, ebenfalls gut gepolsterte Dame auffuhr. Die Karambolage verlief glimpflich, die Damen konnten sich aufrappeln, Schopenhauer wurde wieder ernst und zog sich ins gut geheizte Innere seiner Wohnung zurück, um dort, was aber, wie gesagt, nur eine der Anekdote entnommene Vermutung ist, noch einmal gegen die Schadenfreude tätlich zu werden: «teuflisch» nennt er sie nun, und «ihr Hohn ist das Gelächter der Hölle». Auch den *Neid* nimmt er sich vor, den er nicht ganz so schlimm findet: «In einem anderen Sinne dem Mitleid entgegengesetzt ist der Neid; sofern er nämlich durch den entgegengesetzten Anlaß hervorgerufen wird: sein Gegensatz zum Mitleid beruht also zunächst auf dem Anlaß, und erst infolge hievon zeigt er sich auch in der Empfindung selbst. Daher eben ist der Neid, wenngleich verwerflich, doch noch einer Entschuldigung fähig und überhaupt menschlich.»

Bei leicht aufgehellter Stimmungslage, die auch ihm gelegentlich vergönnt ist, wertet Schopenhauer die Negativeigenschaften des Menschen nicht ganz so negativ; die Hölle, auch die Hölle der anderen, bleibt außen vor. Wer sich von oben herab über das wimmelnde Menschengeschlecht beugt, macht dort vor allem eine Antriebskraft aus, die uns auf Trab hält: «Die

Haupt- und Grundtriebfeder im Menschen wie im Tiere ist der *Egoismus*, d.h. der Drang zum Dasein und Wohlsein ... Dieser Egoismus ist im Tiere wie im Menschen mit dem innersten Kern und Wesen desselben aufs genaueste verknüpft, ja eigentlich identisch. Daher entspringen in der Regel alle seine Handlungen aus dem Egoismus, und aus diesem zunächst ist allemal die Erklärung einer gegebenen Handlung zu versuchen ...» Wir wissen aber, und dürfen uns das im Einzelfall auch zugute halten, daß nicht alles, was wir tun, aus Egoismus geschieht. Es gibt Ausnahmen, und es sind mehr, als man meint. Der Mensch handelt auch aus (Nächsten)Liebe, er kann selbstlos sein bis zur Unvernunft, ein verhärtetes Herz öffnet sich und zeigt unerwartete Größe. Schließlich, und dies vor allem, ist er des Mitleids fähig, eine Eigenschaft, die bei Schopenhauer als positives Pendant zu Schadenfreude und Neid gilt und zum unverzichtbaren Regulativ für ein halbwegs gedeihliches Miteinander der Menschen wird (s. das Kapitel *Fackeln vor der Sonne*). An der Ausgangssituation ändert sich dadurch nichts: «Der Egoismus ist seiner Natur nach grenzenlos: der Mensch will unbedingt sein Dasein erhalten, will es von Schmerzen, zu denen auch aller Mangel und Entbehrung gehört, unbedingt frei, will die größtmögliche Summe von Wohlsein und will jeden Genuß, zu dem er fähig ist, ja, sucht womöglich noch neue Fähigkeiten zum Genusse in sich zu entwickeln. Alles, was sich dem Streben seines Egoismus entgegenstellt, erregt seinen Unwillen, Zorn, Haß: er wird es als einen Feind zu vernichten suchen. Er will womöglich alles genießen, alles haben; da aber dies unmöglich ist, wenigstens alles beherrschen: ‹Alles für mich und nichts für die andern›, ist sein Wahlspruch. Der Egoismus ist kolossal, er überragt die Welt.» Wer das wiederum für übertrieben hält, dem empfiehlt Schopenauer, sich selbst einmal die Frage aller Fragen zu stellen: «Wenn jedem einzelnen die Wahl gegeben würde zwischen seiner eigenen und der übrigen

Welt Vernichtung, so brauche ich nicht zu sagen, wohin sie, bei den allermeisten, ausschlagen würde. Demgemäß macht jeder sich zum Mittelpunkt der Welt, bezieht alles auf sich und wird, was nur vorgeht, z. B. die größten Veränderungen im Schicksal der Völker, zunächst auf *sein* Interesse dabei beziehen und, sei dieses auch noch so klein und mittelbar, vor allem daran denken. Keinen größeren Kontrast gibt es als den zwischen dem hohen und exklusiven Anteil, den jeder an seinem eigenen Selbst nimmt, und der Gleichgültigkeit, mit der in der Regel alle andern ebenjenes Selbst betrachten, wie er ihres. Es hat sogar seine komische Seite, die zahllosen Individuen zu sehn, deren jedes, wenigstens in praktischer Hinsicht, sich allein für *real* hält und die andern gewissermaßen als Phantome betrachtet …»

Immerhin ist Schopenhauer bereit zuzugeben, daß es Ausnahmen von der egoistischen Regel gibt, die allerdings so selten sind, daß sie zwar erfreuen, aber einem auch nicht ganz geheuer vorkommen: «Dieses also sind die Elemente, woraus, auf der Basis des Willens zum Leben, der Egoismus erwächst, welcher zwischen Mensch und Mensch stets wie ein breiter Graben liegt. Springt wirklich einmal einer darüber, dem andern zu Hilfe, so ist es wie ein Wunder, welches Staunen erregt und Beifall einerntet.» Der Egoismus, nahezu unangreifbar in die geheime Kommandozentrale des Menschen versenkt, ist ein kaum je ermüdender Zuarbeiter für den Willen zum Dasein, der in Schopenhauers Philosophie die Chefetage besetzt hält. Dort weiß man seine Dienste zu schätzen und hat ihn mit weitreichenden Vollmachten ausgestattet, die es ihm gestatten, nicht nur im Tagesgeschäft, sondern auch im Bereich der Langzeitbeeinflussung tätig zu werden und eine Art Negativerziehung zu bewirken, die sich beispielsweise dann bemerkbar macht, wenn es um den Charakter eines Menschen geht: «Wer im Kleinen rücksichtslos ist, wird im Großen ruchlos sein. – Wer die

kleinen Charakterzüge unbeachtet läßt, hat es sich selber zuzuschreiben, wenn er nachmals ... den großen ... zu seinem Schaden kennenlernt. – Nach demselben Prinzip soll man auch mit sogenannten guten Freunden, selbst über Kleinigkeiten, wenn sie einen boshaften oder schlechten oder gemeinen Charakter verraten, sogleich brechen, um dadurch ihren großen schlechten Streichen vorzubeugen, die nur auf Gelegenheit warten, sich einzustellen. Stets denke man: Besser allein als unter Verrätern.»
Im Alleinsein, das Schopenhauer, gut aufgehoben in seiner sorgenfreien Existenz, zur Kunstform erhebt, läßt es sich um so behaglicher leben, wenn man die Charakterschwächen des Menschen vorwiegend bei anderen diagnostiziert. Auch die Einsicht, daß es sich dabei weniger um reklamationsfähige Mängel als um einen Ausstattungsfehler am Menschenmodell handelt, gewinnt dadurch zusätzlich an Charme, zumal nicht damit zu rechnen ist, daß die bislang unbekannte Fabrikationsstätte, in der der Mensch vom Band läuft, für ihre schadhaften Modelle eine Rückrufaktion startet, um wenigstens nachträglich noch ein Qualitätserzeugnis anbieten zu können. Der Mensch bleibt, was er ist. Er kann sich so vielen Änderungsprogrammen unterziehen, wie er will; sein Charakter, von Schopenhauer vorsorglich als schäbig erkannt, widersetzt sich allen gutmenschlichen Besserungsmaßnahmen: «Der Charakter des Menschen ist *konstant*. Er bleibt derselbe, das ganze Leben hindurch. Unter der veränderlichen Hülle seiner Jahre, seiner Verhältnisse, selbst seiner Kenntnisse und Ansichten steckt, wie ein Krebs in seiner Schale, der identische und eigentliche Mensch, ganz unverändert und immer derselbe. Bloß in der Richtung und dem Stoff erfährt sein Charakter die scheinbaren Modifikationen, welche Folge der Verschiedenheit der Lebensalter und ihrer Bedürfnisse sind.» Im normalen Verständigungsverkehr, den wir um uns herum aufziehen, spielt der Wunsch nach Veränderung eine nicht ganz unbedeutende Rolle: Wir sind zufrieden oder unzu-

frieden mit der Gegenwart, setzen unsere Hoffnung auf die Zukunft, in der alles nur besser werden kann, besonders dann, wenn wir es schaffen, unsere guten Vorsätze in die Tat umzusetzen. Solche Planspiele gehen sogar so weit, daß wir mit dem verführerischen Gedanken spielen, uns noch einmal neu zu erfinden. Noch ist ja nicht alles gelaufen, sagen wir uns, und noch haben wir alle Möglichkeiten. Solche Überlegungen, die auf das Prinzip Hoffnung hinauslaufen, sind aller Ehren wert, wir sollten sie uns auch nicht ausreden lassen. Oder, anders gesagt: Wir sollten damit nicht bei Schopenhauer vorstellig werden. Für das Betreiben einer Philosophischen Praxis, die für heutige Philosophen, denen eine Verbeamtung vorenthalten wurde, ein Provisorium darstellt, in dem man auf Kundschaft und auf bessere Zeiten wartet, wäre Schopenhauer ungeeignet gewesen. Zwar hätte er, innerhalb knapp bemessener Sprechzeiten, gern etwas von seiner Weisheit weitergegeben, wäre aber, spätestens wenn seine Klienten von Veränderungsplänen für ihr Leben gesprochen hätten, wieder zur Spaßbremse geworden. Er wußte es besser: «Der Mensch ändert sich nie … Wie er in einem Falle gehandelt hat, so wird er unter völlig gleichen Umständen (zu denen jedoch auch die richtige Kenntnis dieser Umstände gehört) stets wieder handeln. Die Bestätigung dieser Wahrheit kann man aus der täglichen Erfahrung entnehmen: am frappantesten aber erhält man sie, wenn man einen Bekannten nach zwanzig bis dreißig Jahren wiederfindet und ihn nun bald genau auf denselben Streichen betrifft wie ehemals.» Natürlich kann man dennoch versuchen, sich zu ändern. Schopenhauer hat nichts dagegen. Er hält gute Absichten nicht für verkehrt, nennt sie sogar löblich, stellt ihre Erfolgsaussichten aber grundsätzlich in Frage. Letztlich kommt es für jeden von uns immer so, wie es kommen muß: «Wer, durch Erfahrung oder fremde Ermahnung belehrt, einen Grundfehler seines Charakters erkennt und beklagt, faßt wohl den festen und redlichen Vorsatz, sich zu bessern und ihn abzulegen, trotzdem aber erhält bei nächster Gelegenheit der Fehler freien Lauf. Neue Reue, neuer Vorsatz, neues Vergehen.»

Der eigentliche Mensch

Schopenhauers Selbstsicherheit gründet in einer Philosophie, die ihr Urheber für einspruchsicher und kritikabweisend, ja letztlich für unwiderlegbar hielt. Das machte es schon zu seinen Lebzeiten schwer, mit ihm ins Gespräch zu kommen – er hatte ja recht. Tatsächlich ist die Kernbotschaft seiner Lehre, ungeachtet ihrer manchmal etwas kompliziert anmutenden Argumentationsbeigaben, von beeindruckender Eingängigkeit und Überzeugungskraft. Schopenhauers Philosophie leuchtet unmittelbar ein; es ist, als ob man, nach langer Suchfahrt durch die Gänge eines übervollen Erkenntnismarktes, auf einmal vor dem richtigen Regal steht und weiß: Das ist es. Der Kunstgriff seiner Lehre besteht darin, daß er zusammenführt, was zusammengehört und von uns auch als zusammengehörig empfunden wird, nämlich Körper und Geist. Während die meisten Philosophen sich bevorzugt für den Geist, der die Luxusausstattung des Modells Mensch ausmacht, interessierten, blieb der Leib philosophisch außen vor; er war zunächst kaum mehr als der Aufenthaltsort, den das Geistwesen Mensch auf Erden zugewiesen bekommt. Erst später sah er sich vom Anspruchsdenken einer Philosophie befreit, die zunehmend kleinlauter wurde und ihre Deutungshoheit an andere Wissenschaften abgeben mußte. Schopenhauer dreht die Gewichtung um: Er adelt den Körper als Vitalzentrum, in dem alle Lebensfunktionen vereint sind, auch die des Geistes. Sogar das Philosophieren bedarf für seine Vorstellungen einer Bühne, die unter Regie des Körpers betrieben wird, den eine alles vereinnahmende Antriebskraft in Gang hält, die Schopenhauer als

Wille bezeichnet: «Es ist dem als Individuum erscheinenden Subjekt des Erkennens das Wort des Rätsels gegeben, und dieses Wort heißt *Wille*. Dieses, und dieses allein gibt ihm den Schlüssel zu seiner eigenen Erscheinung, offenbart ihm die Bedeutung, zeigt ihm das innere Getriebe seines Wesens, seines Tuns, seiner Bewegungen. Dem Subjekt des Erkennens, welches durch seine Identität mit dem Leibe als Individuum auftritt, ist dieser Leib auf zwei ganz verschiedene Weisen gegeben: einmal als Vorstellung in verständiger Anschauung, als Objekt unter Objekten, und den Gesetzen dieser unterworfen, sodann aber auch zugleich auf eine ganz andere Weise, nämlich als jenes jedem unmittelbar Bekannte, welches das Wort Wille bezeichnet.»

Der Mensch lebt im Körper, über den sich der Geist, so viel (eingebildete?) Freiheit muß sein, immer mal wieder erheben kann, um zu seinen Höhenflügen aufzubrechen. So weit diese unter Buchungsvorbehalt des Willens veranstalteten Individualreisen auch führen mögen, sie kehren immer wieder an den Ausgangspunkt zurück. Wir landen da, wo wir schon vorher waren, im Körper, der nur die Möglichkeiten gewährt, die der Wille, ein öffentlichkeitsscheuer, geheim arbeitender Antreiber, uns zugestehen mag. «Jeder wahre Akt seines Willens ist sofort und unausbleiblich auch eine Bewegung seines Leibes. Er kann den Akt nicht wirklich wollen, ohne zugleich wahrzunehmen, daß er als Bewegung des Leibes erscheint. Der Willensakt und die Aktion des Leibes sind nicht zwei objektiv erkannte verschiedene Zustände, die das Band der Kausalität verknüpft, stehn nicht im Verhältnis der Ursache und Wirkung, sondern sie sind eines und dasselbe, nur auf zwei gänzlich verschiedene Weisen gegeben: einmal ganz unmittelbar und einmal in der Anschauung für den Verstand. Die Aktion des Leibes ist nichts anderes als der objektivierte, d. h. in die Anschauung getretene Akt des Willens.»

Der Mensch kann sich selbst dabei zuschauen, wie er denkt und handelt. Das ist ein (manchmal durchaus zweifelhaft anmutendes) Privileg, das sich nicht unserer Erfindungsgabe, sondern fremdbestimmter Zuteilung verdankt. Bei der Betrachtung seiner selbst kann der Mensch schon mal in andächtiges Staunen verfallen; im Denken bedenkt er, daß er denkt, und findet das respektabel, wenn nicht gar großartig. Seine Geistesleistungen indes sind aufgesetzt, sie bedürfen der Betriebserlaubnis durch den Willen, der ohnehin macht, was er will – wie Schopenhauer nicht müde wird zu betonen. Überdies ist es mit unseren intellektuellen Fähigkeiten nicht so weit her, wie wir meinen: Unser Weltbild wird nach Hausmacherart erstellt, bleibt Stückwerk auch in den abgehobensten Fassungen. Dafür gibt es einen bestimmten Grund: «Unser Selbstbewußtsein hat nicht den Raum, sondern allein die Zeit zur Form: deshalb geht unser Denken nicht wie unser Anschauen nach drei Dimensionen vor sich, sondern bloß nach einer, also auf einer Linie, ohne Breite und Tiefe … Wir können alles nur sukzessive erkennen und nur Eines zur Zeit uns bewußt werden, ja auch dieses Eine nur unter der Bedingung, daß wir derweilen alles andere vergessen, also uns desselben gar nicht bewußt sind, mithin es solange aufhört, für uns dazusein. In dieser Eigenschaft ist unser Intellekt einem Teleskop mit einem sehr engen Gesichtsfeld zu vergleichen …» So geht es im großen und ganzen erstaunlich ungeordnet in unserem Kopf zu, in dem ein ständiges Kommen und Gehen herrscht; der Betrieb funktioniert, so scheint es, aber was in ihm hergestellt und vorrätig gehalten wird, entzieht sich unserer Kenntnis. Allenfalls der geheimnisträchtige Wille könnte darüber Auskunft geben, der aber ist an Aufklärung nicht interessiert. Unsere intellektuellen Möglichkeiten sind also leider eher als gering einzuschätzen, und selbsternannte Ausnahmen wie Schopenhauer bestätigen nur die Regel. Hinzu kommt, daß wir es nicht einmal schaffen, einen als Dauergast auftretenden

Flüchtling dingfest zu machen, der uns in wechselnden Verklei-
dungen und mit unbekanntem Ziel durch den Kopf jagt: «Der
Gedanke, der mich jetzt lebhaft beschäftigt, muß mir nach einer
kurzen Weile ganz entfallen sein: tritt nun noch eine wohl
durchschlafene Nacht dazwischen, so kann es kommen, daß ich
ihn nie wiederfinde: es sei denn, daß er an mein persönliches
Interesse, d. h. an meinen Willen geknüpft wäre, als welcher
stets das Feld behauptet. Auf dieser Unvollkommenheit des
Intellekts beruht das Rhapsodische und oft Fragmentarische
unseres Gedankenlaufs, und aus diesem entsteht die unvermeidliche Zerstreuung unseres Denkens.»

Wir sind nicht dazu da, die Welt zu erkennen und in den Tiefen unseres Ichs, die womöglich gar nicht so tief sind, dauerhaft
Bekanntschaft mit uns selbst zu machen. Dafür reichen die uns
zugewiesenen Fähigkeiten nicht aus; wir sind, zumindest im
Denken, nicht zu Höherem berufen. Damit müssen wir leben,
damit können wir auch ganz gut leben, wenn es uns gelingt,
allzu belastende Denkanstrengungen zu vermeiden. Wer seinem
Verstand nicht mehr zumutet als unbedingt nötig, befindet sich
fast immer in mehrheitlicher Gesellschaft: «Wie sehr beschränkt
und dürftig der normale menschliche Intellekt sei und wie gering die Klarheit des Bewußtseins, läßt sich daran ermessen, daß,
ungeachtet der ephemeren Kürze des in endlose Zeit hineinge-
worfenen Menschenlebens, der Mißlichkeit unseres Daseins,
der zahllosen, sich überall aufdrängenden Rätsel, des bedeutsam-
en Charakters so vieler Erscheinungen und dabei des durchweg Ungenügenden des Lebens – dennoch nicht alle beständig
und unablässig philosophieren, ja, nicht einmal viele, oder auch
nur einige, nur wenige; nein, nur hin und wieder einer, nur die
gänzlichen Ausnahmen.» Zu diesen Ausnahmen zählt Schopenhauer, der, mit gönnerhaftem Blick auf sich selbst, konstatieren
kann: «Die übrigen leben … nicht so gar viel anders als die Tiere,
von denen sie sich am Ende nur durch die Vorsorge auf einige

Jahre im voraus unterscheiden.» Wer sich dann doch, sonn- und feiertags etwa oder ~~im Hinblick auf ein Leben, das, befördert vom Alter, nicht mehr, sondern immer weniger wird,~~ seine Gedanken macht, sieht sich damit nicht automatisch an die Philosophie verwiesen, eher schon an deren Konkurrenz, von der indes zu sagen ist, daß sie keine Zweifel am eigenen Geschäftsgebaren zuläßt und zudem eine rigidere Kundenpflege betreibt: «Für das sich bei ihnen etwa meldende metaphysische Bedürfnis ist von oben und zum voraus gesorgt durch die Religionen, und diese, wie sie auch seien, genügen … ~~Wahrhaftig eine mißliche Lage ist die unsrige!~~ Eine Spanne zu leben, voll Mühe, Not, Angst und Schmerz, ohne im mindesten zu wissen woher, wohin und wozu, und dabei nun noch die Pfaffen aller Farben, mit ihren respektiven *Offenbarungen* über die Sache, nebst Drohungen gegen Ungläubige.»

Der Wahrheitsanspruch der Religionen ist für Schopenhauer ein Ärgernis, das den Ärger nicht lohnt, zumal sich, bei passend gemachter Perspektive, auch auf religiösem Gebiet eine Bestätigung seiner Lehre entdecken läßt: «Alle Religionen verheißen für die Vorzüge des Willens oder Herzens einen Lohn jenseits des Lebens, in der Ewigkeit; keine aber für die Vorzüge des Kopfes, des Verstandes. Die Tugend erwartet ihren Lohn in jener Welt; die Klugheit hofft ihn in dieser; das Genie weder in dieser noch in jener: es ist sein eigener Lohn. Demnach ist der Wille der ewige Teil, der Intellekt der zeitliche.» Es scheint so, daß der Intellekt nur dann schmeichelhaft dasteht, wenn er die eigene Beurteilung selbst übernimmt und sich dabei ein günstiges Führungszeugnis ausstellt. Davon abgesehen gibt es jedoch eine stillschweigende Übereinkunft, daß andere Qualitäten vorzuziehen sind: «Ist einer *dumm*, so entschuldigt man ihn damit, daß er nicht dafür kann: aber wollte man den, der *schlecht* ist, eben damit entschuldigen, so würde man ausgelacht werden. Und doch ist das eine wie das andere angeboren. Dies beweist, daß der Wille der eigentliche Mensch ist, der Intellekt bloß sein Werkzeug.» Obwohl Schopenhauer von diesem Werkzeug, wenn es außerhalb seines eigenen Werkzeugkastens angewendet wird, nicht viel hält, nimmt er es doch in die Pflicht. Fast könnte man meinen, daß ihm die Konsequenzen seiner Philosophie, die auf Willensstärke setzt und Erkenntnisleistungen geringschätzt, manchmal selbst unheimlich sind, so daß er sich zu einem besorgten Aufruf veranlaßt sieht: «Was für ein unbändiges Roß Zügel und Gebiß ist, das ist für den Willen im Menschen der Intellekt: an diesem Zügel muß er gelenkt werden, mittels Belehrung, Ermahnung, Bildung usw.; da er an sich selbst ein so wilder, ungestümer Drang ist, wie die Kraft, die im herabstürzenden Wasserfall erscheint …» Manchmal also kann der Intellekt doch mehr, als sein Verächter ihm zutraut: Ohne Vernunft, die im Menschen eine randständige Existenz im Dunstkreis des Willens führt, ist er überhaupt nur noch unberechenbar und gefährlich bis zur völligen Undurchschaubarkeit, man «kann ihn in diesem Zustande der Uhr vergleichen, welche nach Wegnahme einer gewissen Schraube unaufhaltsam abschnurrt».

Der Mensch, mit einem Intellekt ausgerüstet, der in der Regel nicht bestaunenswert leistungsfähig ist, kann von seinem tierischen Erbe jederzeit wieder eingeholt werden. Um so mehr sollte er die Momente ruhiger Einsichtigkeit schätzen, die ihm gelegentlich widerfahren. Er erkennt dann, daß alles seine merkwürdige Richtigkeit hat: Das Leben wird in vorsorglich anberaumter Ordnungshaft begangen und dient nicht zur Feier der Freiheit. Ja, der Intellekt selbst bekommt von Schopenhauer eine Art Zufriedenheit verordnet; er hat dann zu erkennen, daß eine eher dürftige Grundausstattung an Wissen kein Grund zur Beschwerde ist: «Wir klagen über die Dunkelheit, in der wir dahinleben, ohne den Zusammenhang des Daseins im Ganzen, zumal aber den unsers eigenen Selbst mit dem Ganzen zu verstehn; so ~~daß nicht nur unser Leben kurz, sondern auch unsre~~ ~~Erkenntnis ganz auf dasselbe beschränkt ist;~~ da wir weder über die Geburt zurück noch über den Tod hinaus sehn können, ~~mit-~~ ~~hin unser Bewußtsein gleichsam nur ein Blitz ist, der augen-~~ ~~blicklich die Nacht erhellt;~~ demnach es wahrlich aussieht, als ob ein Dämon heimtückisch alles weitere Wissen uns verbaut hätte, um sich an unserer Verlegenheit zu weiden.»

Zu einer solchen Einschätzung aber kommt man nur, wenn man von sich auf andere schließt. Der Mensch, beschenkt und belastet mit einem vergleichsweise minderbemittelten Weltbildapparat, neigt zu der Vermutung, daß in der Schöpfung ein Schöpfer am Werk gewesen sein muß, der zwar alles kann und alles weiß, sich im Grunde seines Wesens aber an unseren Vorgaben orientiert und letztlich eine Art Geistesverwandter ist. Mit einer solchen Vermutung liegt man aber völlig daneben; sie kann nur enttäuscht werden, da sie «aus einer Illusion entsteht, welche herbeigeführt wird durch die falsche Grundansicht, daß das Ganze der Dinge von einem *Intellekt* ausgegangen, folglich als bloße *Vorstellung* dagewesen sei, ehe es wirklich geworden; wonach es, als aus der Erkenntnis entsprungen, auch der Erkenntnis ganz zugänglich, ergründlich und durch sie erschöpfbar sein müßte. – Aber, der Wahrheit nach, möchte es vielmehr sich so verhalten, daß alles, was wir nicht zu wissen uns beklagen, von niemandem gewußt werde, ja wohl an sich selbst gar nicht wißbar, d. h. nicht vorstellbar, sei. Denn die *Vorstellung*, in deren Gebiet alles Erkennen liegt und auf die daher alles Wissen sich bezieht, ist nur die äußere Seite des Daseins, ein Sekundäres, Hinzugekommenes, nämlich etwas, das nicht zur Erhaltung der Dinge überhaupt, also des Weltganzen, nötig war, sondern bloß zur Erhaltung der einzelnen tierischen Wesen.»

Was wir nicht wissen können, sollen wir auch nicht wissen – es reicht, wenn wir mit unseren begrenzten intellektuellen Mitteln durchs Leben kommen, ohne größere Schäden anzurichten.

Die philosophischen Fragen, die sich bei einigen wenigen zu Wort melden und für Kopfschmerzen sorgen, bleiben unbeantwortet. Das hatte schon «der große Kant» festgestellt, der einer der wenigen ist, die Schopenhauer neben sich gelten läßt, ja, den er, generös gestimmt, sogar für einen (allerdings nur unwesentlich) größeren Philosophen hält: «Kant hat nachgewiesen, daß die Probleme der Metaphysik … in den Formen unseres Intellekts, Zeit, Raum und Kausalität, haben, während dieser Intellekt bloß die Bestimmung hat, dem individuellen Willen seine Motive vorzuschieben, d. h. die Gegenstände seines Wollens, nebst den Mitteln und Wegen, sich ihrer zu bemächtigen, ihm zu zeigen.» Wenn der Intellekt jedoch das dumme Gefühl nicht los wird, daß er eigentlich zu Höherem berufen ist, und auf seiner Hausbahn Tempo aufnimmt, weil er sich auf einmal für einen Hochgeschwindigkeitstheoretiker hält, der auch die letzten Rätsel der Welt knacken kann, gerät er prompt ins Schleudern: «Die besagten, ihm anhängenden Formen des Neben-, Nach- und Durcheinander aller irgend möglichen Dinge» verwirren ihm nämlich die Erkenntnissinne und lassen «die metaphysischen Probleme, wie etwa vom Ursprung und Zweck, Anfang und Ende der Welt und des eigenen Selbst, von der Vernichtung dieses durch den Tod, oder dessen Fortdauer trotz demselben» als absolut unlösbar erscheinen. Solange wir so denken, wie wir denken, bleibt der Ertrag unseres Wissens bescheiden, wir betreiben ein Geschäft, das sich nicht lohnt. Auch eine Modernisierung der Geschäftsräume bringt nichts, wenn der Geschäftsinhaber doch nur das machen kann, was er schon immer gemacht hat. Die Konturen eines ganz anderes Wissens blitzen allenfalls als Vision auf: «Denken wir uns nun aber jene Formen einmal aufgehoben und dennoch ein Bewußtsein von den Dingen vorhanden, so würden diese Probleme nicht etwa gelöst, sondern ganz verschwunden sein und ihr Ausdruck keinen Sinn mehr haben. Denn sie entspringen ganz und gar aus jenen Formen, mit denen es gar nicht auf ein Verstehen der Welt und des Daseins, sondern bloß auf ein Verstehen unserer persönlichen Zwecke abgesehn ist.»

Trösten kann sich der Mensch damit, daß er als ein vom Willen abhängiges Wesen unter seinesgleichen ist; ihn trägt, wenn er sich dafür nicht zu fein vorkommt, die Solidarität der Minderbemittelten. Schopenhauer, dem das Herdentier Mensch zuwider war, zog es vor, seinen Einzelgängerstatus zu kultivieren; er war außen vor, aber so ganz dann auch wieder nicht – wir sind alle in bester schlechter Gesellschaft: «Sieh dich doch um! Was da ruft ‹Ich, ich, ich will dasein›, das bist du nicht allein, sondern alles, durchaus alles, was nur eine Spur von Bewußtsein hat. Folglich ist dieser Wunsch in dir gerade das, was *nicht* individuell ist, sondern allen ohne Unterschied gemein. Es entspringt nicht aus der Individualität, sondern aus dem Dasein überhaupt, ist jedem, das da ist, wesentlich, ja ist das, *wodurch* es da ist, und wird demgemäß befriedigt durch das Dasein überhaupt, auf welches allein es sich bezieht …» Zwar wird uns das Leben gegeben und Individualität und Selbstbewußtsein zugestanden, aber darauf läßt sich nicht bauen, zumindest nicht dauerhaft; unsere Existenz ist nur geduldet und zieht kein Asylrecht nach sich, nirgendwo: «Was nämlich so ungestüm das Dasein verlangt, ist bloß *mittelbar* das Individuum; unmittelbar und eigentlich ist es der Wille zum Leben überhaupt, welcher in allen einer und derselbe ist.»

Dein Wille geschehe

Wer sich ~~Verstand und Vernunft als abhängig Beschäf-~~
~~tigte~~ denkt, die ~~bei einem Arbeitgeber~~ untergekommen sind,
~~der~~ sich an keine Tarifvereinbarungen gebunden fühlt und auch
sonst nur ~~macht, was er für richtig hält~~, wird von der Freiheit
des Menschen weniger halten als andere. Schopenhauer ist
Willensphilosoph, kein Freiheitsideologe. Es reichte ihm, daß
er sich, im Rahmen bequemer und nicht zu hinterfragender
Lebensumstände, für so frei halten konnte, daß kein Anlaß zu
persönlicher Sorge bestand. Freiheit, die ihn interessierte, war
nicht politische Freiheit, der er, zumal wenn ihr der Zugriff
durch demokratische Mehrheiten drohte, ablehnend gegen-
überstand, sondern *Willens*freiheit. Was diese anging, sah er sich
in seiner Philosophie von Grund auf bestätigt: Der Wille ist
frei, nicht seine abhängig Beschäftigten. Das gewöhnliche Frei-
heitsverständnis sieht die Dinge jedoch etwas anders und bleibt
damit an der Oberfläche: «‹Ich kann tun, was ich will›. Weiter
geht die Aussage des unmittelbaren Selbstbewußtseins nicht,
wie man sie auch wendet und in welcher Form man auch die
Frage stellen mag. Seine Aussage bezieht sich also auf das *tun
können dem Willen gemäß*: dies aber ist der empirische, ur-
sprüngliche und populäre Begriff der Freiheit, nach welchem
frei bedeutet ‹*dem Willen gemäß*›. Diese Freiheit wird das
Selbstbewußtsein unbedingt aussagen. Aber es ist nicht die,
wonach wir fragen.»
    Unser Bewußtsein steht im Dienst des Willens. Theoretisch
sind ihm unendlich viele Denk- und Handlungsmöglichkeiten
gegeben, im praktischen Vollzug immer nur eine. Es wird ge-

tan, was, aus Sicht des Willens, getan werden muß. «Sache des Selbstbewußtseins ist allein der Willensakt, nebst seiner absoluten Herrschaft über die Glieder des Leibes, welche eigentlich mit dem ‹was ich will› gemeint ist. Auch ist es erst der Gebrauch dieser Herrschaft, d.i. *die Tat,* die ihn, selbst für das Selbstbewußtsein, zum Willensakt stempelt. Denn solange er im Werden begriffen ist, heißt er *Wunsch,* wenn er fertig, *Entschluß:* daß er aber dies sei, beweist dem Selbstbewußtsein selbst erst die Tat: denn bis zu ihr ist er veränderlich.» Daß der Mensch seiner Freiheit, die er sich auch dann zusprechen muß, wenn ihr in Wirklichkeit Fesseln angelegt sind, mehr zutraut, als sie zu leisten vermag, hat vor allem einen Grund: «Er verwechselt Wünschen mit Wollen. *Wünschen* kann er Entgegengesetztes, aber *wollen* nur eines davon: und welches dieses sei, offenbart auch dem Selbstbewußtsein allererst die Tat ...»

Um über das gewöhnliche Verständnis der Freiheit hinauszukommen, muß man sich vorübergehend aus dem Selbstgespräch des Bewußtseins ausklinken und in tiefere Regionen absteigen, wo die Kommandozentrale des Willens zu vermuten ist. «Befragte man einen ganz unbefangenen Menschen, so würde er jenes unmittelbare Bewußtsein, welches so häufig für das einer vermeinten Willensfreiheit gehalten wird, etwa so ausdrücken: ‹Ich kann tun, was ich will: will ich links gehen, so gehe ich links: will ich rechts gehen, so gehe ich rechts. Das hängt ganz allein von meinem Willen ab: ich bin also frei›. Diese Aussage ist allerdings vollkommen wahr: nur liegt bei ihr der Wille schon in der Voraussetzung; sie nimmt nämlich an, daß er sich schon entschieden habe: also kann über sein eigenes Freisein dadurch nichts ausgemacht werden.» Warum der Wille sich zu dieser oder jener Entscheidung veranlaßt sieht, bleibt dem Bewußtsein verborgen – es kann immer nur konstatieren, daß eine Entscheidung gefallen ist, und sich anschließend, so viel Einspruchsfreiheit wird immerhin eingeräumt, über mögliche Alternativen, die nachträglich jedoch ohne Belang sind, den ihm zur Verfügung gestellten Kopf zerbrechen. Nicht das umtriebige Bewußtsein ist zu befragen, sondern der Wille, der für den Betrieb zuständig ist. Das leuchtet nicht jedermann ein, schon gar nicht dem «philosophisch rohen Menschen», der sich dagegen sträubt, ihn «dahin zu bringen, daß er begreift, die Frage sei jetzt nicht nach den *Folgen,* sondern nach den *Gründen* seines jedesmaligen Wollens; sein *Tun* zwar hänge ganz allein von seinem Wollen ab, jetzt aber verlange man zu wissen, wovon denn sein *Wollen selbst* abhänge, ob von gar nichts oder von etwas? Er könne allerdings das eine *tun*, wenn er wolle, und ebensogut das andere *tun*, wenn er wolle; aber er solle sich jetzt besinnen, ob er denn das eine wie das andere zu *wollen* fähig sei.» Da wird es schwierig – diese Frage rüttelt an den Grundfesten unseres aufgesetzten Selbstbewußtseins: «Sagt man nun: ‹Aber dein Wollen selbst, wovon hängt das ab?›, so antwortet der Mensch aus dem Selbstbewußtsein: ‹Von gar nichts als von mir! Ich kann wollen, was ich will: was ich will, das will ich.›» Mit einer solchen Antwort aber kann sich Schopenhauer nur bestätigt fühlen: «Aufs äußerste bedrängt, redet er von einem Wollen seines Wollens, welches ist, als ob er von einem Ich seines Ichs redete. Man hat ihn auf den Kern seines Selbstbewußtseins zurückgetrieben, wo er sein Ich und seinen Willen als ununterscheidbar antrifft, aber nichts übrig bleibt, um beide zu beurteilen.» Wenn einem beim Abstieg ins Ich auf einmal die Ahnung kommt, daß Wille und Bewußtsein womöglich deckungsgleich sind und, ungeachtet aller denkbaren Alternativen, immer nur getan werden kann, was getan werden muß, kann man vollends ratlos werden. Der Wille läßt das Bewußtsein für sich arbeiten; warum, wird nicht wirklich ersichtlich. Im Grunde gelangen wir nur zu *einer* Einsicht, die sich so zusammenfassen läßt: unser Wille geschehe. Daß er überhaupt geschieht, ist nicht in Frage zu stellen, sondern hinzunehmen. Wer sich selbst gern in Denkanstrengungen verstrickt sieht, sollte darauf achten, mit lohnenden Objekten befaßt zu sein – sich mit dem Willen anzulegen, ist ein Kampf, der nicht zu gewinnen ist: «Dies liegt im letzten Grunde daran, daß des Menschen Wille sein eigentliches Selbst, der wahre Kern seines Wesens ist: daher macht derselbe den Grund seines Bewußtseins aus als ein schlechthin Gegebenes und Vorhandenes, darüber er nicht hinauskann. Denn er selbst ist, wie er will, und will, wie er ist. Daher ihn fragen, ob er auch anders wollen könnte, als er will, heißt ihn fragen, ob er auch wohl ein anderer sein könnte als er selbst: und das weiß er nicht.»

In Schopenhauers Willenslehre lauert eine Grußbotschaft, die für jeden von uns gilt und, bedenkt man sie recht, nicht gerade frohsinnsfördernd ist. Anschaulich gemacht läßt sie sich so zusammenfassen: «Wollen wir uns einen Menschen denken, der etwa auf der Gasse stehend zu sich sagte: ‹Es ist sechs Uhr abends, die Tagesarbeit ist beendigt. Ich kann jetzt einen Spaziergang machen, oder ich kann in den Klub gehen; ich kann auf den Turm steigen, die Sonne untergehen zu sehen; ich kann auch ins Theater gehen; ich kann auch diesen oder jenen Freund besuchen; ja ich kann auch zum Tor hinauslaufen in die weite Welt und nie wiederkommen. Das alles steht allein bei mir, ich habe völlige Freiheit, tue jedoch davon jetzt nichts, sondern gehe ebenso freiwillig nach Hause, zu meiner Frau.» Nichts einzuwenden, sagt Schopenhauer, tun Sie, was Sie nicht lassen können. Aber: «Das ist gerade so, als wenn das Wasser spräche: ‹Ich kann hohe Wellen schlagen (ja! nämlich im Meer und Sturm), ich kann reißend hinabeilen (ja! nämlich im Bette des Stroms), ich kann schäumend und sprudelnd hinunterstürzen (ja! nämlich im Wasserfall), ich kann frei als Strahl in die Luft steigen (ja! nämlich im Springbrunnen), ich kann endlich gar verkochen und verschwinden (ja! bei 80° Wärme); tue jedoch von dem allen jetzt nichts, sondern bleibe freiwillig ruhig und klar im spiegelnden Teiche.›»

Wenn wir etwas freiwillig tun, legt die Betonung auf *willig*; wir sind dabei aber der Meinung, *frei* zu sein. Unsere eigentlichen Antriebskräfte bleiben undurchschaut: «Wie das Wasser jenes alles nur kann, wenn die bestimmenden Ursachen zum einen oder zum anderen eintreten, ebenso kann jeder Mensch, was er zu können wähnt, nicht anders als unter derselben Bedingung. Bis die Ursachen eintreten, ist es ihm unmöglich: dann aber *muß* er es so gut wie das Wasser, sobald es in die entsprechenden Umstände versetzt ist.» Wenn es so weit ist, wenn also eine vom Willen in Auftrag gegebene Überlegung zur Entscheidung drängt und in die Tat umgesetzt werden will, kommt es zu dem, was notwendig ist. Mag das nachträgliche Bedenken auch unzählige Alternativen aufwerfen, die in einer Situation vorhanden waren, ohne daß sie Berücksichtigung fanden: es tut nichts zur Sache, denn die Sache ist bereits vollzogen. Das gilt auch für die vermutlich elementarste aller Entscheidungen, die sich ein Mensch zumuten kann, wenn er sich nämlich vom Leben zum Tode befördern will. Auch das ist nicht so einfach, wie es scheint: «Ebenso irrig meint mancher, indem er ein geladenes Pistol in der Hand hält, er könne sich damit erschießen. Dazu ist das wenigste jenes mechanische Ausführungsmittel, die Hauptsache aber ein überaus starkes und daher seltenes Motiv, welches die ungeheure Kraft hat, die nötig ist, um die Lust zum Leben, oder richtiger die Furcht vor dem Tode, zu überwiegen: erst nachdem ein solches eingetreten, kann er sich wirklich erschießen, und muß es …» Der Wille ist frei, wir sind es nicht. Das muß schließlich auch der Intellekt einsehen, der die Motive seines Handelns zwar eigenständig bestimmen kann, dabei jedoch, ein ums andere Mal, zu der resignierenden Feststellung gelangt, daß er nur als Scheinselbständiger tätig ist und es in Wahrheit um Fremdbestimmung geht. Schopenhauer wird nicht müde, dies zu betonen: «Ich kann tun, was ich will: ich kann, wenn ich will, alles den Armen geben und dadurch selbst einer werden – wenn ich will! – Aber ich vermag nicht, es zu wollen, weil die entgegenstehenden Motive viel zu viel Gewalt über mich haben, als daß ich es könnte. Hingegen wenn ich einen andern Charakter hätte, und zwar in dem Maße, daß ich ein Heiliger wäre, dann würde ich es wollen können; dann aber würde ich auch nicht umhin können, es zu wollen, würde es also tun müssen.»

Wie man mit seinem Willen umgeht, zeigt, was für ein Mensch man ist. Oder, anders gesagt: Man erkennt, welch Geistes Kind er ist. Jemand, der den Dingen auf den Grund geht, wird sich nicht mehr mit den üblichen Ansichtssachen begnügen, sondern an einer Wahrheit interessiert sein, die von der Mehrheit übersehen wird und gerade deswegen Bestand hat: «Die Frage nach der Willensfreiheit ist ein Probierstein, an welchem man die tief denkenden Geister von den oberflächlichen unterscheiden kann, oder ein Grenzstein, wo beide auseinandergehn, indem die ersteren sämtlich das notwendige Erfolgen der Handlung bei gegebenem Charakter und Motiv behaupten, die letzteren hingegen mit dem großen Haufen der Willensfreiheit anhängen. Sodann gibt es noch einen Mittelschlag, welcher, sich verlegen fühlend, hin und her laviert und andern den Zielpunkt verrückt, sich hinter Worte und Phrasen flüchtet oder die Frage solange dreht und verdreht, bis man nicht mehr weiß, worauf sie hinauslief.»

Schopenhauer, der sich bekanntlich zu den «tief denkenden Geistern» rechnet, hat auch eine Antwort parat, wenn man nach den Folgen einer Willensfreiheit fragt, die nur für den Willen, nicht aber für den abhängig beschäftigten Intellekt gilt. Wenn der Mensch nämlich immer nur tun kann, was er, vom Willen beeinflußt, tun muß, wäre er nicht mehr schuldfähig. Er könnte dann auf den unbekannten Einflüsterer in ihm verweisen, der ihn zu Taten veranlaßte, die im nachhinein zu bedauern, aber als solche nicht zu verhindern waren. Damit aber kommt er bei Schopenhauer nicht durch: «Es gibt nämlich eine Tatsache des Bewußtseins, von der ich bisher gänzlich abgesehen habe. Diese ist das völlig deutliche und sichere Gefühl der *Verantwortlichkeit* für das, was wir tun, der *Zurechnungsfähigkeit* für unsere Handlungen, beruhend auf der unerschütterlichen Gewißheit, daß wir selbst die *Täter unserer Taten* sind. Vermöge dieses Bewußtseins kommt es keinem, auch dem nicht, der von der im Bisherigen dargelegten Notwendigkeit, mit welcher unsere Handlungen eintreten, völlig überzeugt ist, jemals in den Sinn, sich für ein Vergehen durch diese Notwendigkeit zu entschuldigen und die Schuld von sich auf die Motive zu wälzen, da ja bei deren Eintritt die Tat unausbleiblich war.» Man kann mildernde Umstände für sich reklamieren, auf den Zwang der Verhältnisse oder die Verkettung unglücklicher Umstände verweisen – das persönliche Schuldgefühl läßt sich damit nur beschwichtigen, nicht aber dauerhaft ruhigstellen. Wer nicht ganz verroht oder moralisch unbrauchbar geworden ist, wird auf die Stimme seines Gewissens zurückgeworfen, die sich, auch wenn ihre Bekundungen vielleicht an Nachdrücklichkeit zu wünschen übrig lassen, als hartnäckig erweist und irgendwie keine Ruhe geben mag. «Die *Verantwortlichkeit*, deren er sich bewußt ist, trifft ... zunächst die Tat, im Grunde aber *seinen Charakter*; für diesen fühlt er sich verantwortlich. Und für diesen machen ihn auch die andern verantwortlich, indem ihr Urteil sogleich die Tat verläßt, um die Eigenschaften des Täters festzustellen: ‹er ist ein schlechter Mensch, ein Bösewicht› – oder ‹er ist ein Spitzbube› – oder ‹er ist eine kleine, falsche, niederträchtige Seele› – so lautet ihr Urteil, und auf seinen *Charakter* laufen ihre Vorwürfe zurück. Die Tat, nebst dem Motiv, kommt dabei bloß als Zeugnis von dem Charakter des Täters in Betracht, gilt aber als sicheres Symptom desselben, wodurch er unwiderruflich und auf immer festgestellt ist.»

Mögen wir charakterlich auch noch so festgelegt sein – das Gewissen läßt sich davon nicht beeindrucken. Es erweist sich als lästiger Begleiter, den wir nicht loswerden. Immer wieder hat es etwas einzuwenden; vorgeschobene Argumente genügen ihm nicht, es schaut hinter die Kulissen, die wir uns auf der Bühne unserer Taten, meist gedankenlos, zusammengeschoben haben. Insofern kann das Gewissen gar nicht hoch genug geschätzt werden: Es ist das geheime Regulativ unseres Handelns und sorgt zumindest ansatzweise dafür, daß die Menschen in ihrem Umgang miteinander nicht ausschließlich auf Egoismus, Selbstschutz und Vorteilnahme setzen. «Die immer vollständiger werdende Bekanntschaft mit uns selbst, das immer mehr sich füllende Protokoll der Taten ist das *Gewissen*. Das Thema des Gewissens sind zunächst unsere Handlungen, und zwar sind es diejenigen, in welchen wir dem *Mitleid*, das uns aufforderte, andere wenigstens nicht zu verletzen, ja sogar ihnen Hilfe und Beistand zu leisten, entweder kein Gehör gegeben haben, weil Egoismus oder gar Bosheit uns leitete, oder aber, mit Verleugnung dieser beiden, jenem Rufe gefolgt sind. Beide Fälle zeigen die Größe des *Unterschiedes*, den wir *zwischen uns und andern* machen.» Obwohl es erfreulicherweise immer wieder Ausnahmen gibt, die gegen die Regel stehen, daß wir uns selbst die Nächsten sind, beurteilen wir unsere eigenen Taten, besonders wenn wir sie für beispielhaft gut halten, anders als die Unternehmungen unserer Mitmenschen. Wir argumentieren aus einem Stand der Vertrautheit heraus, der auch dann noch vorhanden ist, wenn wir Risse in unserer inneren Wohnlandschaft entdecken. Dennoch fallen unsere Urteile über das Tun anderer Leute bestimmter aus als in eigener Sache: «Die immer reicher werdende Erinnerung der ... bedeutsamen Handlungen vollendet mehr und mehr das Bild unseres Charakters, die wahre Bekanntschaft mit uns selbst. Aus dieser aber erwächst Zufriedenheit oder Unzufriedenheit mit uns, mit dem, was wir *sind*, je nachdem Egoismus, Bosheit oder Mitleid vorgewaltet haben, d.h. je nachdem der Unterschied, den wir zwischen unserer Person und den übrigen gemacht haben, größer oder kleiner gewesen ist. Nach demselben Maßstab beurteilen wir ebenfalls die andern, deren Charakter wir ebenso empirisch wie den eigenen, nur unvollkommener, kennenlernen; hier tritt als Lob, Beifall, Hochachtung oder Tadel, Unwille und Verachtung auf, was bei der Selbstbeurteilung sich als Zufriedenheit oder Unzufriedenheit, die bis zur Gewissensangst gehen kann, kundgab.» Wer von sich auf andere schließt und dabei auch schon mal übers Ziel hinausschießt, kann trotzdem, alles in allem, richtig liegen, was sich dann auch in unserer Redeweise widerspiegelt: Sie schätzt die schnelle Beweisführung und nimmt in Kauf, daß unterm Strich vielleicht nur Behauptungen im Raum stehen, von Beweisen aber weit und breit nichts zu sehen ist: «Daß auch die Vorwürfe, welche wir andern machen, nur *zunächst* auf die Taten, *eigentlich* aber auf den unveränderlichen Charakter derselben gerichtet sind, und Tugend und Laster als inhärierende [innewohnende], bleibende Eigenschaften angesehen werden, bezeugen manche sehr häufig vorkommende Redensarten, z. B. ‹Jetzt sehe ich, wie du bist!› und ‹In dir habe ich mich geirrt.›»

Mit Herz und mit Kopf

Wir kennen Charakterköpfe und Charakterschweine, wissen aber nicht wirklich, was einen Charakter ausmacht. Schopenhauer hält ihn für feststehend, obwohl auch er nicht umhin kann, ihm kleinere Veränderungsmöglichkeiten zuzugestehen. Bevor diese jedoch greifen können, sollte man sich erst einmal selbst befragen und festzustellen versuchen, was man für ein Charakter ist. Dies geht ins Grundsätzliche und beruht auf einer Erkenntnis, die für alle gilt, aber sehr unterschiedlich bewertet werden kann. Zum einen heißt es: «Die Individuation ist real, … und die Verschiedenheit der Individuen ist die Ordnung der Dinge an sich. Jedes Individuum ist ein von allen andern von Grund aus verschiedenes Wesen. Im eigenen Selbst allein habe ich mein wahres Selbst, alles andere hingegen ist Nicht-Ich und mir fremd. – Dies ist die Erkenntnis, für deren Wahrheit Fleisch und Bein Zeugnis ablegen, die allem Egoismus zu Grunde liegt, und deren realer Ausdruck jede lieblose, ungerechte oder boshafte Handlung ist.» Aus der gleichen Erkenntnis läßt sich aber auch eine ganz andere Schlußfolgerung ziehen: «Mein wahres, inneres Wesen existiert in jedem Lebenden so unmittelbar, wie es in meinem Selbstbewußtsein sich nur mir selber kund gibt … Diese Erkenntnis, für welche im Sanskrit die Formel *tat-twam asi*, d.h. ‹dies bist du›, der stehende Ausdruck ist, ist es, die als *Mitleid* hervorbricht, auf welcher daher alle echte, d.h. uneigennützige Tugend beruht und deren realer Ausdruck jede gute Tat ist.» Als hilfsbedürftiges Geschöpf, das sich gerne überschätzt, ist ein Mensch wie der andere, die Unterschiede tun in diesem Fall nichts zur Sache. Wir sind unter unseresgleichen, was, bei Begünstigung durch entsprechende Umstände, so erhebend sein kann, daß sich auf einmal das Gute in uns zeigt: «Diese Erkenntnis ist es im letzten Grunde, an welche jede Appellation an Milde, an Menschenliebe, an Gnade für Recht sich richtet; denn eine solche ist eine Erinnerung an die Rücksicht, in welcher wir alle Eins und dasselbe Wesen sind. Dagegen beruft Egoismus, Neid, Haß, Verfolgung, Härte, Rache, Schadenfreude, Grausamkeit sich auf jene erstere Erkenntnis und beruhigt sich bei ihr.» Sogar Schopenhauer, der sich so gern bärbeißig gab und am liebsten Schlechtes von seinen Mitmenschen dachte, schwingt sich gelegentlich zu einem Hochgefühl auf, das zwar von ihm selbst ausgeht, sich ansonsten aber auf das Allgemeinmenschliche richtet, aus dem wir die Kraft und das Durchhaltevermögen für ein Leben gewinnen, das uns, auch wenn wir Schopenhauer gelesen haben, lebenswert erscheint. «Die Rührung und die Wonne, welche wir beim Anhören, noch mehr beim Anblick, am meisten beim eigenen Vollbringen einer edlen Handlung empfinden, beruht im tiefsten Grunde darauf, daß sie uns die Gewißheit gibt, daß jenseits aller Vielheit und Verschiedenheit der Individuen … eine Einheit derselben liege, welche wahrhaft vorhanden, ja uns zugänglich ist, da sie ja eben faktisch hervortrat.»

Nicht nur in den Verhaltensweisen unterscheidet sich der gute Charakter vom schlechten (s. dazu auch das Kapitel *Fakkeln vor der Sonne*), er hat auch ein andere Weltauffassung und ein Menschenbild, das ihn zumindest zu gemäßigtem Optimismus anhält, der allerdings Schopenhauers Sache nicht ist, wie wir wissen. Da jedoch die Sympathie fast immer mit den Guten ist, kann auch er nicht umhin, sich entsprechend zu positionieren: «Der gute Charakter … fühlt sich allen Wesen im Innern verwandt, nimmt unmittelbar teil an ihrem Wohl und Wehe und setzt mit Zuversicht dieselbe Teilnahme bei ihnen voraus. Hieraus erwächst der tiefe Friede seines Innern und jene getroste, beruhigte, zufriedene Stimmung, vermöge welcher in seiner Nähe jedem wohl wird.» Ganz anders der «böse Charakter»: Er «vertraut in der Not nicht auf den Beistand anderer: ruft er ihn an, so geschieht es ohne Zuversicht, erlangt er ihn, so empfängt er ihn ohne wahre Dankbarkeit: weil er ihn kaum anders denn als Wirkung der Torheit anderer begreifen kann. Denn sein eigenes im fremden Wesen wiederzuerkennen ist er selbst dann noch unfähig, nachdem es von dort aus sich durch unzweideutige Zeichen kund gegeben hat. Hierauf beruht eigentlich das Empörende allen Undanks. Diese moralische Isolation, in der er sich wesentlich und unausweichbar befindet, läßt ihn auch leicht in Verzweiflung geraten.»

Wer seinen eigenen Charakter kennenlernen will, hat damit, ungeachtet der von Schopenhauer vermuteten Unabänderlichkeit persönlicher Eigenschaften, ein Leben lang zu tun. Man kann sich liebevoll über sein Ich beugen, das, dank angeborener Neugier, überall mitmischen will, und es zum Beobachtungsgegenstand machen, dem im Lauf der Zeit unzählige Befindlichkeitsstudien abzugewinnen sind. Ob daraus allerdings eine wirklich tragfähige Selbsterkenntnis resultiert, bleibt zu bezweifeln. Der Selbstfindungsweg, den heutige Sinnsucher, von Ablenkungen aller Art umschwirrt, unerschrocken beschreiten, verläuft oft genug im Nirgendwo oder erweist sich als Einbahnstraße. Dennoch beginnt jede ergebnisorientierte Charaktererforschung mit dem Selbststudium: *«Der erworbene Charakter* ist nichts anderes als möglichst vollkommene Kenntnis der eigenen Individualität. Es ist das abstrakte, folglich deutliche Wissen von den unabänderlichen Eigenschaften seines eigenen empirischen Charakters und von dem Maß und der Richtung seiner geistigen und körperlichen Kräfte, also von den gesamten Stärken und Schwächen der eigenen Individualität.» Ab einem bestimmten Lebensalter sollte der Mensch sich so in sich eingehaust haben, daß er zum profunden Kenner seiner selbst geworden ist. Er glaubt zu wissen, woran er mit sich ist, kann Fehler vermeiden, die er früher gern begangen hat, behält seine Schwächen im Blick und konzentriert sich auf seine Stärken, so er denn welche hat. Wenn es anderen ähnlich geht wie ihm, kann er in seinen zwischenmenschlichen Beziehungen auf kennerhafte Umgangsformen hoffen, was das Leben ein Stück leichter macht. «Wir werden nun nicht mehr als Neulinge warten, versuchen, umhertappen, um zu sehn, was wir eigentlich wollen und was wir vermögen, sondern wir wissen es ein für allemal, haben bei jeder Wahl nur allgemeine Sätze auf einzelne Fälle anzuwenden und gelangen gleich zum Entschluß. Wir kennen unsern Willen im allgemeinen und lassen uns nicht durch Stimmung oder äußere Aufforderung verleiten, im einzelnen zu beschließen, was ihm im ganzen entgegen ist.» Schopenhauer scheint an dieser Stelle, überraschenderweise, unserer Vernünftigkeit mehr zuzutrauen, als es seinem sonstigen Programm entspricht. Der durchschaute Wille gibt sich auf einmal zahm und ist an unserem Wohl und Wehe interessiert, für das wir selbst verantwortlich sind. Damit wird ein Stück Altersweisheit formuliert, das auf Wunschdenken beruht, weniger auf Lebenserfahrung. Der Mensch kommt zur Ruhe, obwohl es um ihn herum immer noch unruhig zugeht. «Haben wir nun erforscht, wo unsere Stärken und wo unsere Schwächen liegen, so werden wir unsere hervorstechenden natürlichen Anlagen ausbilden, gebrauchen, auf alle Weise zu nutzen suchen und immer uns dahin wenden, wo diese taugen und gelten, aber durchaus und mit Selbstüberwindung die Bestrebungen vermeiden, zu denen wir von Natur geringe Anlagen haben, werden uns hüten, das zu versuchen, was uns doch nicht gelingt. Nur wer dahin gelangt ist, wird stets mit voller Besonnenheit ganz er selbst sein und wird nie von sich selbst im Stich gelassen werden, weil er immer wußte, was er sich selber zumuten konnte. Er wird alsdann oft der Freude teilhaft werden, seine Stärken fühlen, und selten den Schmerz erfahren, an seine Schwächen erinnert zu werden; welches letztere Demütigung ist, die vielleicht den größten Geistesschmerz verursacht. Daher man es viel besser ertragen kann, sein Mißgeschick als sein Ungeschick deutlich ins Auge zu fassen.»

Soweit die Theorie. In der Praxis sieht es anders aus: Man weiß, wer man ist, bekommt es aber oft genug mit einem Fremden zu tun, der die Vertrautheit, zu der man im Binnenverkehr mit der eigenen Person gelangt ist, ohne Vorwarnung mißbraucht. Schopenhauers Ideal präziser Selbsterkenntnis, die auf jahrelanger Erfahrungsarbeit beruht, ist nicht haltbar, was auch dadurch angezeigt wird, daß er bei ihrer Beschreibung hinter seinen Sprachmöglichkeiten zurückbleibt. Vermutlich ist ihm das sogar selbst aufgefallen, und er erkennt, was er schon immer wußte: Unsere Existenz, von den Machenschaften des Willens in Gang gehalten, läßt die unverwechselbar feststehende Individualität jedes Menschen zwar als wünschenswert erscheinen, zumal an ihr die Berechenbarkeit des gesellschaftlichen Miteinanders hängt, unterzieht sie im wirklichen Leben aber ständiger Belastungsproben und Täuschungsmanöver, aus denen man nicht immer unbeschadet wieder auftaucht. Der Mensch kommt nur in Ausnahmefällen in den Genuß einer ruhigen Ansicht und Widerspiegelung seiner Selbst. Sein Bewußtseinsalltag sieht anders aus, ist hektisch und voller Widersprüche: «Es ist eine unmögliche, in sich selbst sich widersprechende Forderung fast aller Philosophen, daß der Mensch *innere Einheit seines Wesens, Eintracht mit sich selbst*, erlangen soll. Denn als Mensch ist innere Zwietracht sein Wesen, durchaus solange er lebt. Denn nur eines kann er wirklich ganz und gar sein: zu allem andern hat er aber die Anlage und die unvertilgbare Möglichkeit, es zu sein. Hat er sich zu einem entschlossen, so steht alles übrige als Anlage immer bereit und fordert unablässig, aus der Möglichkeit zur Wirklichkeit zu gelangen; er muß es also fortwährend zurückdrängen, überwältigen, töten, so lange er jenes eine sein will.» Der Wille, dem es gar nicht einfällt, sich für irgend etwas zu rechtfertigen, bedient sich des Menschen, um in ihm die widersprüchlichsten Bestrebungen aufeinander zu hetzen, was dessen wackeren Versuche, Klarheit über sich zu gewinnen, anhaltend erschwert und belastet. «Will er z. B. nur denken und nicht handeln und treiben, so ist damit die Anlage zum Handeln und Treiben nicht mit einem Male vernichtet, sondern solange er als Denker lebt, muß er sich stündlich und immer als handelnden betriebsamen Menschen töten, ewig mit sich, als einem Ungeheuer, dem jeder abgehaune Kopf gleich wieder wächst, kämpfen.» Ewig mit sich – was für Aussichten. Auch aus der Perspektive der inneren Kämpfe, die auf unzähligen Miniaturschauplätzen in jedem von uns stattfinden, erweist sich ein feststehender Charakter, der als Resultat vernünftiger Selbsterfahrung zu deuten wäre, als unrealistisch. Solange der Wille sich nicht bereit findet, ebendiese inneren Kämpfe des Menschen auszusetzen und ihm stattdessen einen langanhaltenden Moment erkenntnisfördernder Besinnung zu gönnen, muß er weitermachen wie bisher. «So, wenn er sich zur Heiligkeit entschlossen hat, muß er sein ganzes Leben hindurch, und nicht ein für allemal, sich als genießendes, der Wollust ergebenes Wesen töten: denn ein solches bleibt er, solange er lebt. Hat er sich für den Genuß, auf welche Weise auch dieser zu erlangen sei, entschieden, so kämpft er sein Leben lang mit sich als einem Wesen, das rein und frei und heilig sein möchte: denn die Anlage bleibt ihm, er muß sie stündlich töten. So durchaus in allem, in unendlichen Modifikationen. Bald mag das eine, bald das andre in ihm siegen. Er ist der Tummelplatz. Siegt auch das eine fortwährend, so kämpft doch das andre fortwährend: denn es lebt, solange er lebt: als Mensch ist er die Möglichkeit vieler Gegensätze.»

Wenn sich also das Selbstverständnis des Menschen an der Erkenntnis auszurichten hat, daß er ein «Tummelplatz vieler Möglichkeiten» ist, muß eine Frage neu gestellt werden: «Worauf beruht die *Identität der Person?*» «Nicht auf der Materie des Leibes», sagt Schopenhauer, «sie ist nach wenigen Jahren eine andere. Nicht auf der Form desselben: sie ändert sich im ganzen und in allen Teilen: bis auf den Ausdruck des Blickes, an welchem man daher auch nach vielen Jahren einen Menschen noch erkennt; welches beweist, daß trotz allen Veränderungen, die an ihm die Zeit hervorbringt, doch etwas in ihm davon völlig unberührt bleibt: es ist eben dieses, woran wir, auch nach dem längsten Zwischenraume, ihn wiedererkennen und den Ehemaligen unversehrt wiederfinden …» Das gilt, versteht sich, auch für uns selbst. Wenn wir in uns hineinhorchen und die Resonanz des Lebensgefühls spüren, das unsere Existenz trägt, stoßen wir auf den harten Kern unseres Selbst, den wir, je nach Stimmungs- und Einschätzungslage, auch als sehr weich und anrührend empfinden dürfen: «Wenn man auch noch so alt wird, so fühlt man doch im Innern sich ganz und gar als denselben, der man war, als man jung, ja, als man noch ein Kind war. Dieses, was unverändert stets ganz dasselbe bleibt und nicht mitaltert, ist eben der Kern unseres Wesens, welcher nicht in der Zeit liegt.»

Von der Selbsterkenntnis, die wir uns im Lauf der Zeit zulegen, bleibt der innere Kern weitgehend unberührt. Das Bewußtsein hat genug mit sich selbst zu tun: Es muß funktionieren und kann froh sein, wenn es unfallfrei durch den Tagesbetrieb kommt, der ihm fortwährend zugemutet wird. «Man nimmt an, die Identität der Person beruhe auf der des Bewußtseins. Versteht man aber unter dieser bloß die zusammenhängende Erinnerung des Lebenslaufs, so ist sie nicht ausreichend. Wir wissen von unserm Lebenslauf allenfalls etwas mehr als von einem ehemals gelesenen Roman; dennoch nur das Allerwenigste. Die Hauptgegebenheiten, die interessanten Szenen haben sich eingeprägt: im übrigen sind tausend Vorgänge vergessen, gegen einen, der behalten worden.» Dieser Triumph des Vergessens, der für uns wohl auch überlebensnotwendig ist, denn der Kopf würde uns platzen, wenn er sich alles merken sollte, was da zu ihm hineindrängt, hält ein Leben lang an; der Erinnerung bleibt nur, sparsam bewirtschaftete Inseln im Strom des Vergessens auszusetzen und es sich dort, nach Maßgabe der eigenen Möglichkeiten, wohnlich zu machen. Allerdings wird das mit den Jahren nicht einfacher, im Gegenteil. Das Vergessen steht im Dienst einer Macht, die es insgesamt nicht gut mit uns meint: das Alter. Ihm können wir die Altersweisheit ablauschen, die, vom Ende her gesehen, allerdings mehr alt als weise anmutet; wir können ihm kosmetisch oder gar chirurgisch zu Leibe rücken, oder indem wir uns in die Tasche lügen und eine Vitalität herbeireden, die wir längst nicht mehr haben. Daß wir uns vom Alter belästigt fühlen, haben wir hinzunehmen; gegen seine fortgesetzten Übergriffe gibt es keine Rechtsmittel, die einzulegen wären – es bleibt uns nur die folgenlose Privatklage. Für die Erinnerung bedeutet das, daß sie mit allem zu rechnen hat, nur nicht mit ihrer erfreulichen und unangefochtenen Stabilität: «Je älter wir werden, desto spurloser geht alles vorüber. Hohes Alter, Krankheit, Gehirnverletzung, Wahnsinn können das Gedächtnis ganz rauben.» Und dennoch: «Die Identität der Person ist damit nicht verloren gegangen. Sie beruht auf dem identischen *Willen* und dem unveränderlichen Charakter desselben. Er eben auch ist es, der den Ausdruck des Blicks unveränderlich macht.»

Unser Bewußtsein als Gedankenmühle, die weniger Brauchbares als Unbrauchbares produziert und oft nur im Leerlauf fährt, spielt für unsere Identitätsfindung eine untergeordnete Rolle; bestenfalls kann es sich zu einer feinen Selbstanalyse aufschwingen, die aber nicht wirklich eigenschöpferisch ist, sondern auf den Zulieferservice angewiesen bleibt, den der Wille unterhält. Wir tragen den Kopf zu hoch, um mit ihm persönlichkeitsstiftend wirken zu können. Unser wahres Wesen liegt in einer Region, der auch im gewöhnlichen Sprachgebrauch unsere Wertschätzung gilt: «Im *Herzen* steckt der Mensch, nicht im Kopf. Zwar sind wir, infolge unserer Relation mit der Außenwelt, gewohnt, als unser eigentliches Selbst das Subjekt des Erkennens, das erkennende Ich, zu betrachten, welches am Abend ermattet im Schlafe verschwindet, am Morgen mit erneuerten Kräften heller strahlt. Dieses ist jedoch die bloße Gehirnfunktion und nicht unser eigenstes Selbst. Unser wahres Selbst, der Kern unsers Wesens, ist das, was hinter jenem steckt, und eigentlich nichts anderes kennt als wollen und nichtwollen, zufrieden und unzufrieden sein, mit allen Modifikationen der Sache, die man Gefühle, Affekte und Leidenschaften nennt. Dies ist das, was jenes andere hervorbringt, nicht mitschläft, wenn jenes schläft, und ebenso, wann dasselbe im Tode untergeht, unversehrt bleibt.» So erfreulich es sein mag, wenn einem ein wahres Selbst zugeschrieben wird, das, zumindest in der philosophischen Theorie, nicht verlorengehen kann, so hat man sich doch zu vergegenwärtigen, daß es nicht faßbar ist. Man kann auch sagen: Das wahre Selbst hat kein Bild von sich, was, in abgeschwächter Variante, auch für das dazugehörige Ich gilt, das in noch so viele Spiegel schauen kann, ohne dabei zu erfahren, wie es wirklich aussieht. Allenfalls Annäherungen sind bei der Selbstbetrachtung zu erzielen: Ein vertrauter Fremder schaut uns entgegen, der dem Blick nachgibt, um bei Bedarf plötzlich ganz zu verschwinden. «Ohne Zweifel liegt es zum Teil daran, daß man im Spiegel sich nie anders als mit gerade zugewendetem und unbeweglichem Blicke sieht, wodurch das so bedeutsame Spiel der Augen, mit ihm aber das eigentlich Charakteristische des Blickes, großenteils verloren geht.» Wer sich selbst im Spiegel betrachtet, hat aber noch mit einer anderen Beeinträchtigung zu rechnen, die noch schwerer wiegt: Der Mensch ist befangen, vor allem in eigener Sache. Er sieht sich nicht unvoreingenommen, wie denn auch. «Man vermag nicht auf sein eigenes Bild im Spiegel den *Blick der Entfremdung* zu werfen, welcher die Bedingung der *Objektivität* der Auffassung desselben ist; weil nämlich dieser Blick zuletzt auf dem moralischen Egoismus, mit seinem tiefgefühlten Nicht-Ich, beruht, als welche erfordert sind, um alle Mängel rein objektiv und ohne Abzug wahrzunehmen, wodurch allererst das Bild sich treu und wahr darstellt. Statt dessen nämlich flüstert beim Anblick der eigenen Person im Spiegel eben jener Egoismus uns allerzeit ein vorkehrendes: ‹es ist kein Nicht-Ich, sondern Ich› zu, welches als ein noli me tangere [Rühr mich nicht an!] wirkt und die rein objektive Auffassung verhindert …»

Der Charakter des Menschen läßt, anders als sein Bild im Spiegel, tief blicken. Und kommt von Herzen. Wer jedoch charakterlich nicht viel zu bieten hat, sich aber einiges darauf zugute hält, daß er, beispielsweise, bemerkenswert geistreich ist, kann damit nicht groß punkten. Schopenhauer kennt sich da aus, weswegen er auch um einen Zusatz nicht herumkommt, der mit Blick auf sich selbst geschrieben scheint: «Glänzende Eigenschaften des Geistes erwerben Bewunderung, aber nicht Zuneigung. Diese bleibt den moralischen, den Eigenschaften des Charakters, vorbehalten. Zu seinem Freunde wird wohl jeder lieber den Redlichen, den Gutmütigen, ja selbst den Gefälligen, Nachgiebigen und leicht Beistimmenden wählen als den bloß Geistreichen. Vor diesem wird sogar durch unbedeutende, zufällige, äußere Eigenschaften, welche gerade der Neigung eines andern entsprechen, mancher den Vorzug gewinnen. Nur wer selbst viel Geist hat, wird den Geistreichen zu seiner Gesellschaft wünschen. Seine Freundschaft hingegen wird sich nach den moralischen Eigenschaften richten, denn auf diesen beruht seine eigentliche Hochschätzung eines Menschen, in welcher ein einziger guter Charakterzug große Mängel des Verstandes bedeckt und auslischt.»

Wer sich als Charakterforscher betätigt und dabei eine Philosophie bestätigt sieht, die, vorsichtig gesagt, nicht allzu entwicklungsfreudig ist, wird im Verhalten des Menschen kaum Überraschendes entdecken können. Er bedient die immer gleichen Muster, für Experimente oder wagemutige Ausreißversuche sieht er in der Regel keinen Anlaß. Schopenhauer ist dies ein weiterer Beleg für die Annahme, daß man sich selbst nicht entkommen kann. Zudem folgt der Mensch einem merkwürdigen Wiederholungszwang, er ist ein Gewohnheitstier, was auch mit der vermuteten Festschreibung seiner inneren Anlagen zu tun hat: «Gar manches, was der Macht der Gewohnheit zugeschrieben wird, beruht vielmehr auf der Konstanz und Unveränderlichkeit des ursprünglichen und angeborenen Charakters, infolge welcher wir unter gleichen Umständen stets dasselbe tun, welches daher mit gleicher Notwendigkeit das erste wie das hundertste Mal geschah.» Allerdings gibt es dabei noch einen zusätzlichen Einübungsfaktor, der, sobald er den Reiz des Neuen los ist und sich, allem Anschein nach, bewährt hat, zu einer Art Bequemlichkeit führt, aus der man nicht mehr so leicht heraus kommt: «Die wirkliche *Macht der Gewohnheit* beruht eigentlich auf der Trägheit, welche dem Intellekt und dem Willen die Arbeit, Schwierigkeit, auch die Gefahr, einer frischen Wahl ersparen will und daher uns heute tun läßt, was wir schon gestern ... getan haben und wovon wir wissen, daß es zu seinem Zwecke führt.» Man kann das feststellen, aber nicht kritisieren, denn der Mensch, der ja gern für etwas Besonderes gelten möchte, folgt in seinem Handeln gängigen Antriebsmustern, die überall zu beobachten sind: «Was nämlich für die Körper, sofern sie bloß durch mechanische Ursachen bewegt werden, die *Kraft der Trägheit* ist, eben das ist für die Körper, welche durch Motive bewegt werden, die *Macht der Gewohnheit*. Die Handlungen, welche wir aus bloßer Gewohnheit vollziehn, geschehn eigentlich ohne individuelles, einzelnes, eigens für diesen Fall wirkendes Motiv, daher wir dabei auch nicht eigentlich an sie denken. Bloß die ersten Exemplare jeder zur Gewohnheit gewordenen Handlung haben ein Motiv gehabt, dessen sekundäre Nachwirkung die jetzige Gewohnheit ist, welche hinreicht, damit jene auch ferner vor sich gehe …» Etwas Besonderes ist dies, wie gesagt, nicht; das Gewohnheitstier Mensch befindet sich, einmal mehr, in passender Gesellschaft: «Dasselbe gilt von Tieren, indem ihre Dressur eine erzwungene Gewohnheit ist. Das Pferd zieht gelassen seinen Karren immer weiter, ohne getrieben zu werden: diese Bewegung ist immer noch die Wirkung der Peitschenhiebe, durch die es anfangs getrieben wurde, welche sich als Gewohnheit perpetuiert, nach dem Gesetze der Trägheit.» Beim Stichwort Dressur kann sich Schopenhauer einen zusätzlichen Hinweis nicht verkneifen: Man muß kein Pferd sein, um dressiert zu werden; das läßt sich auch anders bewerkstelligen: «Sogar an *Abrichtungsfähigkeit* übertrifft der Mensch alle Tiere. Die Moslem sind abgerichtet, fünfmal des Tages, das Gesicht gegen Mekka gerichtet, zu beten; tun es unverbrüchlich. Christen sind abgerichtet, bei gewissen Gelegenheiten ein Kreuz zu schlagen, sich zu verneigen u. dgl.; wie denn überhaupt die Religion das rechte Meisterstück der Abrichtung ist, nämlich die Abrichtung der Denkfähigkeit; daher man bekanntlich nicht früh genug damit anfangen kann.» Schopenhauer ist indes nicht so religionsunfreundlich, wie man vermuten könnte: Er respektiert die Religionen, was ihren «Geist und die ethische Tendenz» angeht; mit ihren «Mythen» und dem daraus angeregten Wahrheitsanspruch kann er wenig anfangen.

Am besten gefällt ihm «der Buddhaismus, also die Religion», die ohne einen Gott auskommt und «durch die überwiegende Anzahl ihrer Bekenner die vornehmste auf Erden ist». Ansonsten hätte ein Religionsstifter, der sich Schopenhauers Segen einholen wollte, nur folgendes zu beachten: «Zwei Punkte sind es, die nicht nur jeden denkenden Menschen beschäftigen, sondern auch den Anhängern jeder Religion zumeist am Herzen liegen, daher Kraft und Bestand der Religionen auf ihnen beruht: erstlich die transzendente moralische Bedeutsamkeit unseres Handelns und zweitens unsere Fortdauer nach dem Tode. Wenn eine Religion für diese beiden Punkte gut gesorgt hat, so ist alles übrige Nebensache.» Was Schopenhauer nicht leiden kann, sind Privatreligionen, die sich auf Offenbarungen zweifelhafter Herkunft berufen. Ihnen ist mit Vorsicht zu begegnen, da die Vorspiegelung falscher Tatsachen zum Prinzip erhoben wird, dem man dann, dreisterweise, auch noch mit Ehrfurcht begegnen soll: «Unter dem vielen Harten und Beklagenswerten des Menschenloses ist keines der geringsten dieses, daß wir dasind, ohne zu wissen, woher, wohin und wozu: wer eben vom Gefühl dieses Übels ergriffen und durchdrungen ist, wird kaum umhin können, einige Erbitterung zu verspüren gegen diejenigen, welche vorgeben, Spezialnachrichten darüber zu haben, die sie unter dem Namen von Offenbarungen uns mitteilen wollen. – Den Herren von der Offenbarung möchte ich raten, heutzutage nicht so viel von der Offenbarung zu reden; sonst ihnen leicht offenbart werden könnte, was eigentlich die Offenbarung ist.»

Auf «Spezialnachrichten», die «unter dem Namen von Offenbarungen» gehandelt werden, lassen sich auch die menschenverachtenden und selbstzerstörerischen Botschaften zurückführen, denen wir heutzutage ausgesetzt sind, wobei man sogar den Eindruck hat, daß es, allen verzweifelt aufklärerischen Einreden zum Trotz, immer mehr werden. Schopenhauer hätte sich bestätigt gesehen, wäre aber über das Ausmaß an abstrusen Vorstellungen, die da kursieren, erschrocken gewesen. Zu seiner Zeit genügte ihm die Feststellung: «Es gibt keine Absurdität, die so handgreiflich wäre, daß man sie nicht allen Menschen fest in den Kopf setzen könnte, wenn man nur schon vor ihrem sechsten Jahre anfinge, sie ihnen einzuprägen, indem man unablässig und mit feierlichem Ernst sie ihnen vorsagte. Denn, wie die Abrichtung der Tiere, so gelingt auch die des Menschen nur in früher Jugend vollkommen.» Was aber ist der Unterschied zwischen Abrichtung und Erziehung? Schopenhauer, im späteren Leben ein überzeugter Junggeselle, der in jungen Jahren haarscharf an der Gründung und Übernahme einer Kleinfamilie vorbeischrammte, wodurch er jedoch nicht unbedingt glücklicher wurde, hat dazu eine Meinung, die, vielleicht weil sie theoretischer Natur ist, einigermaßen kindgerecht, auf jeden Fall aber weniger desillusionierend ausfällt, als man, mit Blick auf seine sonstige Philosophie, vermuten möchte. Zunächst einmal sollten Kinder vor den bereits erwähnten Absurditäten, die ihnen verbohrte Erwachsene einimpfen wollen, bewahrt werden: «Eben weil früh eingesogene Irrtümer meistens unauslöschlich sind und die Urteilskraft am spätesten zur Reife kommt, soll man die Kinder bis zum sechzehnten Jahr von allen Lehren, worin große Irrtümer sein können, frei erhalten, also von aller Philosophie, Religion und allgemeinen Ansichten jeder Art, und sie bloß solche Dinge treiben lassen, worin entweder keine Irrtümer möglich sind, wie Mathematik, oder keiner sehr gefährlich ist, wie Sprachen, Naturkunde, Geschichte usw., überhaupt aber in jedem Alter nur solche Wissenschaften, die demselben zugänglich und ganz und gar verständlich sind.» Man soll Kinder also nicht überfordern oder sie nach einem Bild formen, dem falscher Elternehrgeiz zu Grunde liegt. Das Kind braucht Zeit, sich zu entwickeln, und diese Zeit muß ihm gegeben werden. Außerdem sollte es die Welt, aus der es seine

Welterfahrung bezieht, nicht über theoretisch belastete Vorträge kennenlernen, sondern über unmittelbare sinnliche Anschauung. «Dabei hätte man zunächst zu verhüten, daß die Kinder nicht Worte gebrauchten, mit denen sie keinen deutlichen Begriff verbänden. Die Hauptsache bliebe aber immer, daß die Anschauungen den Begriffen vorhergingen, und nicht umgekehrt, wie dies der gewöhnliche, aber ebenso ungünstige Fall ist, als wenn ein Kind zuerst mit den Beinen, oder ein Vers zuerst mit dem Reim auf die Welt kommt.» Im Zweifelsfall ist die Wirklichkeit ein besserer Erzieher als die Phantasie, obwohl sich diese, speziell bei sensiblen Pädagogen, die aus sensiblen Kindern liebend gern sensible Erwachsene machen möchten, beträchtlicher Wertschätzung erfreut. Schopenhauer sieht das anders; Kinder sollten auf dem Boden der Tatsachen gehalten werden, bevor sie dort, nach phantastischen Höhenflügen, zu denen sie unsinnigerweise angehalten wurden, zwangslanden müssen und Schaden nehmen. «Vor allem sei man darauf bedacht, sie zu einer reinen Auffassung der Wirklichkeit anzuleiten und sie dahin zu bringen, daß sie ihre Begriffe stets unmittelbar aus der wirklichen Welt schöpfen und sie nach der Wirklichkeit bilden, nicht aber sie anderswo herholen, aus Büchern, Märchen oder Reden anderer, und solche Begriffe nachher schon fertig zur Wirklichkeit hinzubringen, welche letztere sie alsdann, den Kopf voll Chimären [Hirngespinste], teils falsch auffassen, teils nach jenen Chimären umzumodeln fruchtlos sich bemühen, und so auf theoretische, oder gar praktische Irrwege geraten.»

Eine enge Anlehnung an die Wirklichkeit empfiehlt sich im übrigen nicht nur für unsere Erziehungsbemühungen an Kindern, sondern auch für Erwachsene, die nicht mit allem abgeschlossen haben und sich noch für lernfähig halten. Schopenhauer setzt auf Anschaulichkeit, die, anders als gelehrte Abhandlungen, unmittelbar einsichtig ist und, nicht zuletzt, auch der Erinnerung zugute kommt, von der wir wissen, daß sie Lücken hat und nicht alles nimmt, was man ihr anträgt: «Man suche das, was man dem Gedächtnis einverleiben will, so viel als möglich auf ein anschauliches Bild zurückzuführen, sei es nun unmittelbar oder als Beispiel der Sache oder als bloßes Gleichnis; weil alles Anschauliche viel fester haftet als das bloß in abstracto Gedachte oder gar nur Worte. Darum behalten wir sehr viel besser, was wir erlebt, als was wir gelesen haben.» Allerdings ist der Mensch auch nicht dazu da, die Wirklichkeit abzunicken. Wenn sich der Realitätssinn allzu breit macht, wird das Leben zur stocknüchternen Angelegenheit, die nur noch Dienst nach Vorschrift verlangt. Man bekommt es mit der Freudlosigkeit zu tun, die kein angenehmer Begleiter durch unsere Tage und Nächte ist. Sie läßt uns frösteln und ruft, wenn man sich denn dafür noch empfänglich zeigt, eine Sehnsucht auf, die sich auf alles richtet, was in der Wirklichkeit keine Entsprechung findet und zu vagen Hoffnungen Anlaß gibt. Als Baumeister des Imaginären sind dem Menschen kaum Grenzen gesetzt: «Dämonen, Götter und Heilige schafft sich der Mensch nach seinem eigenen Bilde; diesen müssen dann unablässig Opfer, Gebete, Tempelverzierungen, Gelübde und deren Lösung, Wallfahrten, Begrüßungen, Schmückung der Bilder usw. dargebracht werden. Ihr Dienst verwebt sich überall mit der Wirklichkeit, ja verdunkelt diese: jedes Ereignis des Lebens wird dann als Gegenwirkung jener Wesen aufgenommen. Der Umgang mit ihnen füllt die halbe Zeit des Lebens aus, unterhält beständig die Hoffnung und wird durch den Reiz der Neuheit oft interessanter als der mit wirklichen Wesen.» Die Verlockungen des Imaginären sind nachhaltiger als die massentauglich gewordenen Reize des Wirklichen. Deswegen wäre es auch verlorene Liebesmüh', dem Menschen seine Realitätsfluchten ausreden zu wollen; er wird sie immer wieder antreten, wenn die Verhältnisse danach sind und er an sich selbst kein Genügen findet. Da dieses oft genug, ja eigentlich fast durchgehend der Fall ist, wird er zum Erfüllungsgehilfen der Vorgaben, denen er nachzukommen hat. Auch Gedankenfluchten und Tagträumereien stehen unter Beschäftigungsvorbehalt des Willens: «Es ist der Ausdruck und das Symptom der doppelten Bedürftigkeit des Menschen, teils nach Hilfe und Beistand und teils nach Beschäftigung und Kurzweil; und wenn er auch dem ersteren Bedürfnis oft gerade entgegen arbeitet, indem bei vorkommenden Unfällen und Gefahren kostbare Zeit und Kräfte, statt auf deren Abwendung, auf Gebete und Opfer unnütz verwendet werden; so dient er dem zweiten Bedürfnis dafür desto besser, durch jene phantastische Unterhaltung mit einer erträumten Geisterwelt: und dies ist der gar nicht zu verachtende Gewinn aller Superstitionen [Aberglauben].»

Von der Hoffnung allein kann der Mensch jedoch auch nicht leben. Zwar stirbt sie, wie von Abstiegskandidaten oft und gern beschworen, immer zuletzt, ist also zäh, aber einer genaueren Überprüfung, speziell einer solchen, die sich von hartem Realismus leiten läßt, hält sie nur selten stand. «Hoffnung ist die Verwechslung des Wunsches einer Begebenheit mit ihrer Wahrscheinlichkeit. Aber vielleicht ist kein Mensch frei von der Narrheit des Herzens, welche dem Intellekt die richtige Schätzung der Probabilität [Wahrscheinlichkeit] so sehr verrückt, daß er eins gegen tausend für einen leicht möglichen Fall hält. Und doch gleicht ein hoffnungsloser Unglücksfall einem raschen Todesstreich, hingegen die stets vereitelte und immer wieder auflebende Hoffnung der langsam marternden Todesart.» Mag der Mensch, bei entsprechendem Talent dazu, auch hart im Nehmen sein, so wird er doch nicht alles wegstecken; die letzte von vielen enttäuschten Hoffnungen gibt ihm den Rest, und er resigniert. Wer erst kein Glück und dann auch noch Pech hat, sich aber keiner Schuld bewußt ist, gerät in einen Gemütszustand, der eine negative Sogwirkung entwickeln kann:

«Wen die Hoffnung, den hat auch die Furcht verlassen: dies ist der Sinn des Ausdrucks ‹desperat› [verzweifelt]. Es ist nämlich dem Menschen natürlich, zu glauben, was er wünscht, und es zu glauben, weil er es wünscht. Wenn nun diese wohltätige, lindernde Eigentümlichkeit seiner Natur durch wiederholte, sehr harte Schläge des Schicksals ausgerottet und er sogar, umgekehrt, dahin gebracht worden ist, zu glauben, es müsse geschehn, was er nicht wünscht, und könne nimmer geschehn, was er wünscht, eben weil er es wünscht, so ist dies eigentlich der Zustand, den man Verzweiflung genannt hat.» Wer verzweifelt ist, hat sich in eine ausweglose Situation manövriert, aus der er nicht mehr herausfindet. Dieser Zustand schmerzt besonders, wenn man dabei das Gefühl hat, sein Schicksal in unbeabsichtigter Weise heraufbeschworen zu haben und somit nicht ganz unschuldig zu sein: «Die Pein des unerfüllten Wunsches ist klein gegen die der Reue; denn jene steht vor der stets offenen, unabsehbaren Zukunft; diese vor der unwiderruflich abgeschlossenen Vergangenheit.»

Der Gemütszustand, in dem man sich gerade befindet, ist einem meist anzumerken, auch wenn man sich um Zurückhaltung und ein möglichst neutrales Mienenspiel bemüht. Viel kann der Mensch wegstecken, viel auch mit sich allein ausmachen, aber das hinterläßt Spuren. Anfangs, wenn alles noch einigermaßen harmlos erscheint, führen fortgesetzte Enttäuschungen nur zu anhaltend schlechter Laune, man wird «verdrießlich». Das ist keine Stimmung, in der man sonderlich sympathisch wirkt, auch nicht auf sich selbst. «Verdrießlichkeit und Melancholie liegen weit auseinander: von der Lustigkeit zur Melancholie ist der Weg viel näher als von der Verdrießlichkeit. Melancholie zieht an; Verdrießlichkeit stößt ab.» Wer nicht mehr weg kommt von seiner Verdrießlichkeit, es schließlich auch gar nicht mehr versucht, sondern sich einrichtet in seinem chronisch unerfreulichen Befinden, hat gute Chancen, krank zu werden. Krank vor

Ärger, krank auch womöglich nur vom nutzlosen Grübeln, das der Ärger nach sich zieht. Man wird zum Hypochonder, den Schopenhauer als Typus nicht mag, obwohl oder vielleicht gerade weil ihm, wie den meisten Männern, hypochondrische Anwandlungen nicht fremd waren: «Hypochondrie quält nicht nur mit Verdruß und Ärger ohne Anlaß über gegenwärtige Dinge; nicht nur mit grundloser Angst vor künstlich ausstudierten Unglücksfällen der Zukunft; sondern auch noch mit unverdienten Vorwürfen über unsere eigenen Handlungen in der Vergangenheit.» Kurzum: «Die unmittelbare Wirkung der Hypochondrie ist ein beständiges Suchen und Grübeln, worüber wohl man sich zu ärgern und zu ängstigen hätte. Die Ursache ist ein innerer krankhafter Unmut, dazu oft eine aus dem Temperament hervorgehende innere Unruhe: wenn beide den höchsten Grad erreichen, führen sie zum Selbstmord.» Nicht nur eingebildet krank werden kann man vor Ärger und Verdrießlichkeit, man kann sich auch zu Wutausbrüchen hinreißen lassen. Das ist eine Frage des Temperaments, und Schopenhauer, das zeigte nicht nur die «Berliner Affäre», hatte durchaus Temperament, das sich schnell entzünden ließ, wenn er gereizt wurde oder sich ungerecht behandelt fühlte. Dann praktizierte er die «sackgroben Formen», schreckte auch vor stämmigen Damen nicht zurück, die ein Terrain besetzt hielten, das er für sich reklamierte, und wurde, was er als eine Variante von Notwehr ansah, sogar handgreiflich. Schopenhauers altersweise Anmerkungen zum Zorn sind daher auch ein Kommentar in eigener Sache: «Der Zorn schafft sogleich ein Blendwerk, welches in einer monströsen Vergrößerung und Verzerrung seines Anlasses besteht. Dieses Blendwerk erhöht nun selbst wieder den Zorn und wird darauf durch diesen erhöhten Zorn abermals vergrößert. So steigert sich fortwährend die gegenseitige Wirkung, bis der furor brevis [kurzer Wutanfall] da ist.» Wer diese Mechanismen durchschaut hat, kann jedoch gegensteuern:

«Diesem vorzubeugen, sollten lebhafte Personen, sobald sie anfangen, sich zu ärgern, es über sich zu gewinnen suchen, daß sie die Sache für jetzt sich aus dem Sinne schlügen: denn dieselbe wird, wenn sie nach einer Stunde darauf zurückkommen, ihnen schon lange nicht so arg und bald vielleicht unbedeutend erscheinen.» Vielleicht sollte man noch länger als eine Stunde warten: Eine Nacht darüber schlafen! kennen wir als Empfehlung für Ärgerwillige, die sich gern zu unüberlegten Reaktionen hinreißen lassen und anschließend feststellen müssen, daß sie überreagiert haben. Dann aber ist, um bei den Spruchweisheiten zu bleiben, das Kind bereits in den Brunnen gefallen oder mit dem Bade ausgeschüttet worden; der Ärger nimmt irgendwie kein Ende. Bleibt als schwacher Trost nur, daß man so ist, wie man ist – schließlich kann keiner aus seiner Haut: «Welche Kräfte zum Leiden und Tun jeder in sich trägt, weiß er nicht; bis ein Anlaß sie in Tätigkeit setzt – wie man dem im Teiche ruhenden Wasser, mit glattem Spiegel, nicht ansieht, mit welchem Toben und Brausen es vom Felsen unversehrt herabzustürzen, oder wie hoch es als Springbrunnen sich zu erheben fähig ist – oder auch, wie man die im eiskalten Wasser latente Wärme nicht ahndet.»

Mag man in sich selbst auch unberechenbar sein und immer wieder Überraschungen bieten, so bleibt die eigentliche Person davon doch weitgehend unberührt – an diesem Credo läßt Schopenhauer nicht rütteln. Fast hat es den Anschein, als wollte er dem Hauptprotagonisten seiner Lehre, dem Willen, der sich im Prinzip ja austoben darf, wie er *will*, eine zumindest angedeutete Grenze setzen, was vielleicht auch damit zu tun hat, daß Schopenhauer in seiner eigenen Existenzführung auf Berechenbarkeit und Absicherung Wert legte. «Was einer in sich ist und an sich selber hat, kurz die Persönlichkeit und deren Wert, ist das alleinige Unmittelbare zu seinem Glück und Wohlsein. Alles andere ist mittelbar: daher auch dessen Wirkung vereitelt

werden kann, aber die der Persönlichkeit nie. Darum eben ist
der auf persönliche Vorzüge gerichtete Neid der unversöhnlich-
ste, wie er auch der am sorgfältigsten verhehlte ist.» Wir sind
den Launen des Willens ausgeliefert, haben aber ein Anrecht
darauf, daß jeder von uns als selbständige und unverwechsel-
bare Persönlichkeit wahrgenommen wird. Mag sich um uns
herum auch sehr vieles sehr schnell ändern, der harte Kern unseres Wesens ist davon nicht betroffen und bleibt, zumindest
aus Sicht eines einzelnen Philosophen, unangetastet. «Allein die
Beschaffenheit des Bewußtseins (ist) das Bleibende und Behar-
rende, und die Individualität wirkt fortdauernd, anhaltend,
mehr oder minder in jedem Augenblick: alles andere hingegen
wirkt immer nur zu Zeiten, gelegentlich, vorübergehend, und
ist zudem auch noch selbst dem Wechsel und Wandel unterworfen ... Hierauf beruht es, daß wir ein ganz und gar von außen
auf uns gekommenes Unglück mit mehr Fassung ertragen als
ein selbstverschuldetes: denn das Schicksal kann sich ändern,
die eigene Beschaffenheit nimmer.»

Wer das weiß und zudem glaubt, mit etlichen Vorzügen ge-
segnet zu sein, hat Grund zur Zufriedenheit, ja, er darf sich
glücklich schätzen. Auch wenn dabei die Gefahr besteht, daß
man die Wertschätzung der eigenen Person etwas übertreibt,
also die Nase unter Umständen höher trägt, als es empfehlens-
wert ist, darf man sich gelegentlich, am besten in aller Stille, die
Einsicht gönnen, daß man es ganz gut getroffen hat. Für den
Alltagsbetrieb ist das nämlich eine nützliche Einsicht, die über
manchen Leerlauf, auch über Fehler und Dummheiten der anderen, unter denen Schopenhauer ja nicht ungern litt, da sich
daraus willkommene Belege für seine Weltsicht ableiten ließen,
hinweg hilft. «Demnach also sind die subjektiven Güter, wie ein
edler Charakter, ein fähiger Kopf, ein glückliches Temperament,
ein heiterer Sinn und ein wohlbeschaffener, völlig gesunder
Leib, also überhaupt mens sana in corpore sano [gesunder Geist

im gesunden Körper] zu unserm Glücke die ersten und wichtigsten; weshalb wir auf die Beförderung und Erhaltung derselben viel mehr bedacht sein sollten als auf den Besitz äußerer Güter und äußerer Ehre.» Daß man es gut getroffen hat und kein Grund zur Klage besteht, ist eine Begünstigung, für die man dankbar sein sollte, zumal es keine objektiven Gründe dafür gibt, warum den einen Glück widerfährt, während andere nicht nur von der Natur stiefmütterlich behandelt worden sind, sondern obendrein noch einen Fehlschlag nach dem anderen hinnehmen müssen. Schopenhauer, der die Unzufriedenheit wohl kannte, hielt sich mit den Jahren verstärkt zur Zufriedenheit an, aus der bekanntlich auch Selbstzufriedenheit werden kann, für die er ebenfalls nicht ganz unempfänglich war. Am meisten schätzte er eine Eigenschaft, die eher unaufdringlich ist und nicht viel von sich hermacht: «Was nun aber … am unmittelbarsten beglückt, ist die Heiterkeit des Sinnes: denn diese gute Eigenschaft belohnt sich augenblicklich selbst. Wer eben fröhlich ist, hat allemal Ursache, es zu sein, nämlich eben diese, daß er es ist. Nichts kann so sehr wie diese Eigenschaft jedes andere Gut vollkommen ersetzen, während sie selbst durch nichts zu ersetzen ist.» Heiterkeit, so scheint es, kennt keine Vorurteile, sie tritt auf ohne Ansehen der Person, die allerdings nicht abgeneigt sein darf und eine gewisse Empfänglichkeit für den Gegenstand des Heiteren an den Tag legen sollte. Einmal in Fahrt, läßt Schopenhauer der Heiterkeit, die als Eigenschaft gern unterschätzt wird, eine weitere Ehre zuteil werden: Sie ist nicht nur dem Wohlbefinden zuträglich, sondern erweist sich als glücksfördernd: «Einer sei jung, schön, reich und geehrt, so fragt sich, wenn man sein Glück beurteilen will, ob er dabei heiter sei; ist er hingegen heiter, so ist es einerlei, ob er jung oder alt, gerade oder pucklich, arm oder reich sei: er ist glücklich. In früher Jugend machte ich einmal ein altes Buch auf, und da stand: ‹Wer viel lacht, ist glücklich, und wer viel weint, ist unglücklich›, – eine sehr einfältige Bemerkung, die ich aber, wegen ihrer einfachen Wahrheit, doch nicht habe vergessen können.» Schopenhauer fordert zur Heiterkeit auf, weiß aber natürlich, daß man diese nicht erzwingen kann. Wer aufgesetzt heiter ist oder krampfhaft gute Laune versprüht, wirkt anstrengend, auf jeden Fall weniger sympathisch, als er meint. Heiterkeit muß von Herzen kommen: «Dieserwegen also sollen wir der Heiterkeit, wann immer sie sich einstellt, Tür und Tor öffnen: denn sie kommt nie zur unrechten Zeit; statt daß wir oft Bedenken tragen, ihr Eingang zu gestatten, indem wir erst wissen wollen, ob wir denn auch wohl in jeder Hinsicht Ursache haben, zufrieden zu sein; oder auch weil wir fürchten, in unsern ernsthaften Überlegungen und wichtigen Sorgen dadurch gestört zu werden: allein was wir durch diese bessern, ist sehr ungewiß, hingegen ist Heiterkeit unmittelbarer Gewinn.» Mit diesem Gewinn sollte man sorgsam umgehen, also darauf achten, daß er gewinnbringend bleibt. Dann wird Heiterkeit «gleichsam die bare Münze des Glücks und nicht, wie alles andere, bloß der Bankzettel; weil nur sie unmittelbar in der Gegenwart beglückt, weshalb sie das höchste Gut ist für Wesen, deren Wirklichkeit die Form einer unteilbaren Gegenwart zwischen zwei unendlichen Zeiten hat.» Bei einer solchen Wertschätzung der Heiterkeit ist es denkbar, daß ihr Schopenhauer fast alles durchgehen ließ. Vielleicht hat sie ihn sogar dazu gebracht, daß er alle intellektuellen Vorsichtsmaßnahmen vergaß und laut zu lachen anfing, wobei es ihn nicht störte, daß er beim Zugriff des Frohsinns allein war: «Es wundert mich nicht, daß sie Langeweile haben, wenn sie allein sind: sie können nicht allein lachen; sogar erscheint solches ihnen närrisch. – Ist denn das Lachen nur ein Signal für andere und ein bloßes Zeichen wie das Wort? ... Mangel an Phantasie und an Lebhaftigkeit des Geistes ... ist es, was ihnen, wenn allein, das Lachen verwehrt. Die Tiere lachen weder allein noch in Gesellschaft. Myson, der Misanthrop, war, allein lachend, von so einem überrascht worden, der ihn jetzt fragte, warum er denn lache, da er doch allein wäre? – ‹Gerade darum lache ich›, war die Antwort.»

Der Gegenwartist

Manche von uns erwärmen sich an der Vergangenheit und lassen die «versunknen schönen Tage» hochleben, die etwa der Dichter Eichendorff auf so wunderbare Weise zu beschwören verstand. Andere haben es eher mit der Zukunft, mit der wir «das Prinzip Hoffnung» verbinden, das sich nicht fassen und nicht beim Wort nehmen läßt, so daß zumindest in der Theorie (fast) alles möglich erscheint. Was indes zählt, ist die Gegenwart. In der haben wir uns zu bewähren, ob wir wollen oder nicht. Unter den Philosophen ist Schopenhauer wohl der entschiedenste Gegenwartsfreund gewesen, was nicht bedeutet, daß er die Gegenwart nun immer gut gefunden hätte, im Gegenteil. Schopenhauers Loblied auf die Gegenwart ist einer Einsicht geschuldet, die sich unmittelbarer Wirklichkeitserfahrung verdankt: «Was *gewesen* ist, das ist nicht mehr; ist ebensowenig wie das, was *nie* gewesen ist. Aber alles, was ist, ist im nächsten Augenblick schon gewesen. Daher hat vor der bedeutendsten Vergangenheit die unbedeutendste Gegenwart die *Wirklichkeit* voraus; wodurch sie zu jener sich verhält wie etwas zu nichts.» Die Gegenwart zeigt sich als zeitbestimmende Momentaufnahme mit wechselnden Inhalten, die genauso schnell gehen, wie sie kommen, und von uns, wenn überhaupt, nur beiläufig zur Kenntnis genommen werden. Dabei hätte jeder Augenblick, der uns zuteil wird, eigentlich Andacht und Respekt verdient: er ist nämlich ein Unikat, nicht wiederholbar und schon gar nicht zu kopieren: «Jedem Vorgang unseres Lebens gehört nur auf einen Augenblick das Ist; sodann für immer das War. Jeden Abend sind wir um einen Tag ärmer. Wir würden vielleicht beim

Anblick dieses Ablaufens unserer kurzen Zeitspanne rasend werden; wenn nicht im tiefsten Grunde unseres Wesens ein heimliches Bewußtsein läge, daß uns der nie zu erschöpfende Born der Ewigkeit gehört, um immerdar die Zeit des Lebens daraus erneuern zu können.» Die Gegenwart hält uns besetzt, aber sie hat, unabhängig davon, wie wir sie wahrnehmen und bewerten, einen entscheidenden Nachteil: Sie ist immer auf der Flucht, kommt nicht zur Ruhe, so daß wir Mühe haben, von ihr einen bleibenden Eindruck zu gewinnen. Obwohl sie sich entzieht und keine Dauer kennt, die über die Summe ihrer Momente hinausgeht, bleibt uns die Gegenwart präsent und bestimmt Vergangenheit und Zukunft. Gäbe es für uns nur ein reines Gegenwartsempfinden, würden wir in ihm untergehen: Wir brauchen die Grenzmarkierungen eines geordneten Zeitempfindens, um in der uns bekannten Bewußheit überleben zu können. Mag sein, daß wir damit nur ein künstliches, ausschließlich auf uns zurechtgeschnittenes Weltauffassungsmodell bedienen – wir kennen zu ihm keine Alternative. So sind wir denn allesamt gegenwartshörig und können uns nur über Gedankenfluchten Halt und Ausblick verschaffen: «Die Gegenwart allein ist wahr und wirklich. Sie ist die real erfüllte Zeit, und ausschließlich in ihr liegt unser Dasein. Daher sollten wir sie stets einer heitern Aufnahme würdigen, folglich jede erträgliche und von unmittelbaren Widerwärtigkeiten oder Schmerzen freie Stunde mit Bewußtsein als solche genießen, d. h. sie nicht trüben durch verdrießliche Gesichter über verfehlte Hoffnungen in der Vergangenheit oder Besorgnisse für die Zukunft.»

Gut gesagt und als Programm eigentlich schon ausreichend, um Zufriedenheit herbeizuzitieren, auch wenn es in einem selbst, aus dem einen oder anderen unerfreulichen Anlaß, untergründig rumoren mag. Wer es sich wie Schopenhauer, der als Privatgelehrter ein überschaubares Pflichtenprogramm zu be-

dienen hatte, leisten kann, die schnellebige Gegenwart in eine
vorübergehende Halteposition zu bringen, um sich etwas genauer mit ihr zu beschäftigen, wird darauf gebracht, daß man
sich dabei sogar zu einer kühnen Theorie aufschwingen kann:
«In der Vergangenheit hat kein Mensch gelebt, und in der Zukunft wird nie einer leben, sondern die *Gegenwart* allein ist die
Form alles Lebens, ist aber auch sein sicherer Besitz, der ihm
nie entrissen werden kann. Die Gegenwart ist immer da, samt
ihrem Inhalt; beide stehn fest, ohne zu wanken: wie der Regenbogen auf dem Wasserfall. Denn dem Willen ist das Leben, dem
Leben die Gegenwart sicher und gewiß.» Allerdings läßt sich
die Vergangenheit, auch wenn sie in unserer Welt- und Selbstauf-
fassung nur als Gedankenspiel ihr Recht einfordert, nicht ab-
schütteln, ja sie kann sich sogar als so schwerlastig erweisen,
daß man von ihr kaum mehr loskommt. Wer sich zu sehr in der
Vergangenheit einnistet, schafft sich unnötige Probleme, denn
das damit verbundene Grübeln ist wenig ergiebig und dreht sich
zumeist im Kreise. Das gilt sowohl für die eigene Vergangenheit
als auch für die der Menschheit, die wir allerdings nur vom Hörensagen oder aus mehr oder weniger schlauen Geschichtsbü-
chern kennen: «Freilich, wenn wir zurückdenken an die ver-
flossenen Jahrtausende, an die Millionen von Menschen, die in
ihnen lebten; dann fragen wir: Was waren sie? Was ist aus ihnen
geworden? – Aber wir dürfen dagegen nur die Vergangenheit
unsers eigenen Lebens uns zurückrufen und ihre Szenen lebhaft
in der Phantasie erneuern und nun wieder fragen: Was war dies
alles? Was ist aus ihm geworden? – Wie mit ihm, so ist es mit
dem Leben jener Millionen. Oder sollten wir meinen, die Vergangenheit erhielte dadurch, daß sie durch den Tod besiegelt ist,
ein neues Dasein?»

Die Vergangenheit ist eine von Generation zu Generation
weitergegebene Geschichte, die wir uns erzählen, als seien wir
überall mit dabei gewesen. Empirische Rechtschaffenheit mischt

sich mit inspirativer Deutungskunst und philosophischer Bestandsaufnahme, die aufs Ganze geht, obwohl es schon im kleinen einige Sackgassen und manch toten Winkel gibt. Letztlich, müssen wir wohl zugeben, ist es in der absolut unwichtigen Existenz jedes Einzelnen, die von ihm aber für absolut wichtig gehalten werden muß, denn er hat (vermutlich) nur dieses eine Dasein, wie mit dem «Leben jener Millionen»: Wir wissen nie ganz richtig Bescheid, hangeln uns von Mutmaßung zu Mutmaßung, destillieren daraus eine Welt- und Geschichtsauffassung, der wir Ernsthaftigkeit, auf jeden Fall aber redliches Bemühen unterstellen müssen. Daß wir von der mit der Zeit immer üppiger werdenden Historie, über die wir wie auskunfsfreudige Museumsdiener wachen, letztendlich kaum mehr wissen als von unserem eigenen Leben, besonders dann, wenn es unwiederbringlich in seine Jahre gekommen ist, liegt allerdings in der Natur der Sache: «Wie im Raum die Entfernung alles verkleinert, indem sie es zusammenzieht, wodurch dessen Fehler und Übelstände verschwinden, weshalb auch in einem Verkleinerungsspiegel … sich alles viel schöner als in der Wirklichkeit darstellt – ebenso wirkt in der Zeit die Vergangenheit: die weit zurückliegenden Szenen und Vorgänge, nebst agierenden Personen, nehmen sich in der Erinnerung, als welche alles Unwesentliche und Störende fallenläßt, allerliebst aus. Die Gegenwart, solchen Vorteils entbehrend, steht stets mangelhaft da.» Mangelhaft oder nicht: die Gegenwart macht sich breit, ist nicht zu umgehen. Ihre Ansprüche wollen erfüllt sein, bedürfen keiner zusätzlichen Gedankenspiele und Deutungsversuche. Die Vergangenheit indes, ein fragiles, von uns selbst erschaffenes Gebilde, ist anspruchsvoller, sie bedarf der Zuwendung, entschädigt dafür jedoch auch mit einer veränderten Sicht der Dinge: «Und wie im Raume kleine Gegenstände sich in der Nähe groß darstellen, wenn sehr nahe, sogar unser ganzes Gesichtsfeld einnehmen, aber, sobald wir uns etwas entfernt haben, klein und unscheinbar werden, ebenso, in der Zeit, erscheinen die in unserm täglichen Wandel sich ereignenden kleinen Vorfälle, Unfälle und Begebenheiten, solange sie, als gegenwärtig, dicht vor uns liegen, uns groß, bedeutend, wichtig und erregen demgemäß unsere Affekte, Sorge, Verdruß, Leidenschaft: aber sobald der unermüdliche Strom der Zeit sie nur etwas entfernt hat, sind sie unbedeutend, keiner Beachtung wert und bald vergessen, indem ihre Größe bloß auf ihrer Nähe beruhte.»

Zeit wird von erlebter Gegenwart dominiert und ist etwas merkwürdig Relatives. Das erleben wir immer wieder: Wer etwa beim Zahnarzt in eine Warteschleife gerät, bekommt vorgeführt, wie unendlich zäh sich die Zeit hinziehen kann: sie scheint, beschwert zudem von düsteren Erwartungen, stillzustehen. Andererseits beschleunigt sie sich unter dem Anflug intensiver Glücksgefühle oder im Verlauf anregender Gespräche, sie vergeht wie im Flug. In ihrem mittleren Vergänglichkeitsradius wiederum ist die Zeit heimtückisch, sie wickelt sich selbst ab, nahezu unbemerkt, bis wir auf einmal feststellen müssen, daß uns nicht mehr viel bleibt, dann wird es eng. Zwar heißt es, daß alles seine Zeit hat, aber im eigentlichen Sinne gilt dies nur für den Menschen: die Zeit ist vor allem sein Problem. «Daß die Zeit überall und in allen Köpfen vollkommen gleichmäßig fortläuft, ließe sich sehr wohl begreifen, wenn dieselbe etwas rein Äußerliches, Objektives, durch die Sinne Wahrnehmbares wäre wie die Körper. Aber das ist sie nicht: wir können sie nicht sehn noch tasten …» Dennoch haben wir erstaunliche Gerätschaften entwickelt, um die unsichtbare Zeit sichtbar machen zu können, also zu messen. In mancher Sportart rufen wir einen Sieger aus, nachdem die maschinelle Zeitmessung einen für das normale Auge nicht wahrnehmbaren Unterschied von einer Tausendstel Sekunde zum Zweitplazierten erkannt hat; der Wettkampf kann ordentlich beendet werden, die Teilnehmerakte wird geschlossen. Die Zeit, die uns angeht, hat sich damit aber nicht wirklich in die Karten schauen lassen: «Die Uhr *mißt* die Zeit, aber sie *macht* sie nicht. Wenn alle Uhren stehnblieben, wenn die Sonne selbst stillstände, wenn alle und jede Bewegung oder Veränderung stockte; so würde dies doch den Lauf der Zeit keinen Augenblick hemmen, sondern sie würde ihren gleichmäßigen Gang fortsetzen und nun, ohne von Veränderungen begleitet zu sein, verfließen. Dabei ist sie dennoch, wie gesagt, nichts Wahrnehmbares, nichts äußerlich Gegebenes und auf uns Einwirkendes, also kein eigentlich Objektives.» Die Schlußfolgerung, die sich daraus ergibt, liegt auf der Hand: «Da bleibt eben nichts übrig, als daß sie [die Zeit] in uns liege, unser eigener, ungestört fortschreitender, mentaler Prozeß oder, wie Kant es sagt, die Form des innern Sinnes und alles unsers Vorstellens sei, mithin das unterste Grundgerüst der Schaubühne dieser objektiven Welt ausmache. Jene Gleichmäßigkeit ihres Laufs in allen Köpfen beweist mehr als irgend etwas, daß wir alle in denselben Traum versenkt sind, ja, daß es *ein* Wesen ist, welches ihn träumt.»

Der Mensch wird ins Leben geworfen und tappt, mal orientierungsstolz, mal ratlos, durch Zeit und Raum. Was er sieht und denkt, entspricht seinen Möglichkeiten. Damit das Ganze nicht allzulange dauert, darf er sich über die Vergänglichkeit freuen, die über seinem Tun und Lassen liegt. Aus der Gegenwart aber wird er nicht entlassen, nicht mal auf Bewährung, sie ist das tragende Element unserer Zeitauffassung und läßt sich so zusammenfassen: «Wir können die Zeit einem endlos drehenden Kreise vergleichen: die stets sinkende Hälfte wäre die Vergangenheit, die stets steigende die Zukunft; oben aber der unteilbare Punkt, der die Tangente berührt, wäre die ausdehnungslose Gegenwart: wie die Tangente nicht mit fortrollt, so auch nicht die Gegenwart, der Berührungspunkt des Objekts, dessen Form die Zeit ist, mit dem Subjekt, das keine Form hat, weil es nicht zum Erkennbaren gehört, sondern Bedingung alles Erkennbaren ist.» Oder, noch anschaulicher: «Die Zeit gleicht einem unaufhaltsamen Strom, und die Gegenwart einem Felsen, an dem sich jener bricht, aber nicht ihn mit fortreißt.» Daran sollte sich auch unser Erkenntnis- und Forscherdrang ausrichten, dem anzuraten ist, sich nicht in Gebiete vorzuwagen, die ihm prinzipiell verschlossen bleiben. Das Unerforschliche ist nichts für den Menschen; er sollte sich lieber auf vertrautem Gelände bewegen und seine Grenzen akzeptieren. «Wie dem Willen das Leben, seine eigene Erscheinung, gewiß ist, so ist es auch die Gegenwart, die einzige Form des wirklichen Lebens. Wir haben demnach nicht nach der Vergangenheit vor dem Leben noch nach der Zukunft nach dem Tode zu forschen: vielmehr haben wir als die einzige Form, in welcher der Wille sich erscheint, die *Gegenwart* zu erkennen.»

Unter dem Deckmantel der Zeit rücken wir alle, notgedrungen, noch enger zusammen. Das ist, je nach dem Menschenbild, das einer pflegt, entweder als solidaritätssteigernd oder als ultimative Form der Belästigung zu begreifen. Wie dem auch sei: am Ende kommt der massenhafte Auftrieb des Menschengeschlechts zur Ruhe, wird überschaubar und schrumpft auf Familienfeierformat: «So sehr auch auf der Bühne der Welt die Stücke und die Masken wechseln, so bleiben doch in allen die Schauspieler dieselben. Wir sitzen zusammen und reden und regen einander auf, und die Augen leuchten, und die Stimmen werden schallender: ganz ebenso haben andere gesessen, vor tausend Jahren: es war dasselbe, und es waren dieselben: ebenso wird es sein über tausend Jahre. Die Vorrichtung, wodurch wir dessen nicht innewerden, ist die Zeit.»

Wem im Lauf der Zeit etwas zu viel Gegenwart zugemutet wurde, wird eines Tages feststellen müssen, daß er alt
geworden ist. Das ist in der Regel keine erfreuliche Erkenntnis,
läßt sich aber nicht vermeiden: früher oder später trifft es jeden.
Der Sinn des Alterns erschließt sich nur dem positiv Denkenden: für ihn, der ohnehin bereit ist, das Gute im Menschen zu
sehen, bietet das Alter, das inzwischen ja die Tendenz hat, sich
immer mehr hinzuziehen, also immer zäher zu werden, einen
beträchtlichen Zugewinn an Zeit und möglicher Lebensfreude.
Das ist aber natürlich blanke Theorie: Wer im Alter mit Hinfäl-
ligkeit bedacht wird, möchte nicht mehr lange und ausdauernd
vor sich hin altern, sondern den Vorgang abgekürzt sehen. Es
hilft jedoch kein Klagen, was, wie wir längst wissen, auch für
die meisten anderen Lebensbereiche gilt. Schopenhauer, Privatgelehrter und in gleicher Funktion auch Privatsekretär des Willens zum Leben, an dem seiner Meinung nach alles hängt, läßt
sich vom Alter nicht aus der Ruhe bringen: Er wägt ab, was es
bringt, setzt den Vergleich an zur Jugend, gegen die man immer
nur alt aussehen kann, und kommt zu einer Einschätzung, die
den gerade erreichten Stand seiner Altersweisheit fortschreibt:
«Ist der Charakter der ersten Lebenshälfte unbefriedigte Sehnsucht nach Glück; so ist der der zweiten Besorgnis vor Unglück.
Denn mit ihr ist, mehr oder weniger deutlich, die Erkenntnis
eingetreten, daß alles Glück chimärisch [trügerisch], hingegen
das Leiden real ist. Jetzt wird daher, jedenfalls von den vernünftigen Charakteren, mehr bloße Schmerzlosigkeit und ein un-
angefochtener Zustand als Genuß angestrebt. Wenn, in meinen

Jünglingsjahren, es an meiner Tür schellte, wurde ich vergnügt: denn ich dachte, nun käme es. Aber in späteren Jahren hatte meine Empfindung, bei demselben Anlaß, vielmehr etwas dem Schrecken Verwandtes: ich dachte: ‹Da kommt's›.» Wer alt geworden ist, erwartet nicht mehr viel; warum auch, er hat ja, zumindest an Lebenszeit, zuvor schon viel bekommen. Man darf oder sollte nicht undankbar sein, besonders dann nicht, wenn man im fortgeschrittenen Alter noch einigermaßen gesund ist und sogar von dem einen oder anderen frohgemuten Gedanken angeflogen wird. Das reicht schon, um eine sanft herabgestimmte Zufriedenheit zu erreichen, die sich als Altersglück begreifen läßt. Man weiß, daß man sich auf das Wesentliche beschränken sollte, was auch für das Wissen gilt, das man sich mit den Jahren erworben hat: Es schrumpft, so wie auch der Körper schrumpft, an dem das Alter immer zuerst etwas auszusetzen hat, weswegen es sich denn auch bevorzugt an ihm zu schaffen macht und dort Veränderungen bewirkt, die insgesamt nicht sehr positiv sind. Im Alter ist Wissen, wenn es noch funktioniert, meist Erfahrungswissen, das durchaus Vorteile haben kann: «In Folge davon enthält die zweite Hälfte des Lebens … weniger Strebsamkeit, aber mehr Beruhigung als die erste, welches überhaupt darauf beruht, daß man in der Jugend denkt, in der Welt sei Wunder was für Glück und Genuß anzutreffen; während man im Alter weiß, daß da nichts zu holen ist, also, vollkommen darüber beruhigt, eine erträgliche Gegenwart genießt und sogar an Kleinigkeiten Freude hat.» Wer im Alter Bilanz zieht, tut dies im Bewußtsein, den größten Teil seines Lebensweges zurückgelegt zu haben. Dabei ist manches auf der Strecke geblieben, Wichtiges und Unwichtiges; am Ende sind in der eigenen Personalakte unzählige Verlustmeldungen abgelegt, die bestenfalls registriert und zur Kenntnis genommen, nicht aber verfolgt oder erfolgreich bearbeitet werden können. Was man auf der Verlustseite noch am ehesten verschmerzen kann, sind die Illusionen, die einem auf dem unspektakulären Weg ins Alter abhanden kommen. Um sie ist es nicht schade, im Gegenteil: «Was der gereifte Mann durch die Erfahrung seines Lebens erlangt hat und wodurch er die Welt anders sieht als der Jüngling und Knabe, ist zunächst *Unbefangenheit*. Er allererst sieht die Dinge ganz einfach und nimmt sie für das, was sie sind; während dem Knaben und Jüngling ein Trugbild, zusammengesetzt aus selbstgeschaffenen Grillen, überkommenen Vorurteilen und seltsamen Phantasien, die wahre Welt bedeckte oder verzerrte. Denn das erste, was die Erfahrung in uns vorfindet, ist, uns von Hirngespinsten und falschen Begriffen zu befreien, welche sich in der Jugend angesetzt haben.» Zwar könnte man mit einer entsprechender Erziehung auch schon in jungen Jahren eine realistische Auffassung der Dinge bewirken, was aber schwierig ist und im Grunde auch verlorene Liebesmüh' bedeutet, denn zum Charme der Jugend gehören nun mal wunderbare Erwartungen, glanzvolle Fehltritte und die hohe Kunst des Träumens – warum sollte man darauf verzichten wollen? Wer sich zu früh an einen knochentrockenen Realismus hält, wird nicht mit vorweggenommener Altersweisheit belohnt, sondern wirkt bestenfalls altklug, eine Eigenschaft, die auch manche Kinder wenig anziehend erscheinen läßt. Letztlich hat jede Altersstufe die Weltsicht, die sie verdient: «Die Heiterkeit und der Lebensmut unserer Jugend beruht zum Teil darauf, daß wir bergauf gehend, den Tod nicht sehen, weil er am Fuß der anderen Seite des Berges liegt. Haben wir aber den Gipfel überschritten, dann werden wir den Tod, welchen wir bis dahin nur vom Hörensagen kannten, wirklich ansichtig, wodurch, da zu derselben Zeit die Lebenskraft zu ebben beginnt, auch der Lebensmut sinkt; so daß jetzt ein trüber Ernst den jugendlichen Übermut verdrängt und auch dem Gesichte sich aufdrückt.»

Die Altersweisheit, wenn sie sich denn einzustellen beliebt, kommt weder zu früh noch zu spät. Eines Tages ist sie da und macht uns klar, daß sie sich auch als eine Art Begünstigung begreifen läßt: Nicht jeder nämlich, der alt ist, ist auch weise. Manchen bleibt im Alter nur das Alter, und dann wird es, was die verbliebenen Lebensperspektiven angeht, tatsächlich eng. Allerdings sind auch der Altersweisheit deutliche Grenzen gesetzt: Sie kann dazu beitragen, daß wir eine unseren Jahren angemessene Ökonomie des Denkens und Handelns entwickeln, die dabei hilft, unseren Lebensweg in Würde zu Ende zu gehen. Zurückbringen kann uns die Altersweisheit nichts, schon gar nicht die Jugend in ihrer Echtzeit. Das aber muß auszuhalten sein: «Solange wir jung sind, man mag uns sagen, was man will, halten wir das Leben für endlos und gehen danach mit der Zeit um. Je älter wir werden, desto mehr ökonomisieren wir unsere Zeit. Denn im spätern Alter erregt jeder verlebte Tag eine Empfindung, welche der verwandt ist, die bei jedem Schritt ein zum Hochgericht geführter Delinquent hat. Vom Standpunkte der Jugend aus gesehn, ist das Leben eine unendlich lange Zukunft; vom Standpunkte des Alters aus eine sehr kurze Vergangenheit.» Das Alter, so scheint es, behält das letzte Wort. Es hat allerdings nur den weit ausholenden Rückblick; der Blick nach vorn bleibt ihm versperrt oder offenbart, wenn man sich denn nicht aufgehoben im Glauben weiß, für den es keine Rechtfertigung gibt, außer daß man glaubt, eine Beängstigung, über die man, im eigenen Interesse, besser nicht allzuoft nachdenkt. Am Ende kommt es einem vor, als sei vieles fast unbemerkt, das Ganze jedoch unerhört schnell vorbeigegangen: «Man muß alt geworden sein, also lange gelebt haben, um zu erkennen, wie kurz das Leben ist.» Im Rückblick, den das Alter nach Art des Alters gewährt, meint man auf einmal auch den Durchblick zu haben: Es fügt sich zusammen, was vielleicht nie zusammengehört hat, nun aber, im Schaulaufen der Erinnerung, auf einmal eine Ordnung annimmt, die, in unserer ganz persönlichen Sicht, überzeugend anmutet. Das gilt nicht nur für Begebenheiten und

Geschehensabläufe, sondern auch für die Akteure, die daran beteiligt waren. «Gegen das Ende des Lebens nun gar geht es wie gegen das Ende eines Maskenballs, wenn die Larven abgenommen werden. Man sieht jetzt, wer diejenigen, mit denen man, während seines Lebenslaufes, in Berührung gekommen war, eigentlich gewesen sind. Denn die Charaktere haben sich an den Tag gelegt, die Taten haben ihre Früchte getragen, die Leistungen ihre gerechte Würdigung erhalten, und alle Trugbilder sind zerfallen. Zu diesem allem nämlich war Zeit erfordert.» Auch über sich selbst meint man nun endgültig Bescheid zu wissen: Die eigene Person, die einen so anhänglich begleitet hat, was allerdings nicht immer zur Freude gereichte, sondern sich manchmal auch als Beschwernis herausstellte, wird einer abschließenden Beurteilung unterzogen: «Das Seltsamste … ist, daß man sogar sich selbst, sein eigenes Ziel und Zwecke, erst gegen das Ende des Lebens eigentlich erkennt und versteht, zumal in seinem Verhältnis zur Welt, zu den andern. Zwar oft, aber nicht immer, wird man dabei sich eine niedrigere Stelle anzuweisen haben, als man früher vermeint hatte; bisweilen auch eine höhere, welches dann daher kommt, daß man von der Niedrigkeit der Welt keine ausreichende Vorstellung gehabt hatte und demnach sein Ziel höher steckte als sie. Man erfährt beiläufig, was an einem ist.»

Wer im fortgeschrittenen Alter zum Prüfungsgespräch in eigener Sache bittet, kann auch deswegen mit vergleichsweise eindeutigen Ergebnissen rechnen, weil der überschaubare Erfahrungsschatz, den man mit sich führt, von einem Grundtatbestand getragen wird, auf den Schopenhauer wiederholt hinweist: Der Kern unseres Wesens bleibt gleich, er bewahrt Haltung, auch wenn es um ihn herum hektisch und verwirrend zugeht. Das ist gut zu wissen, gerade im Alter: «Wenn man auch noch so alt wird, so fühlt man doch im Innern sich ganz und gar als denselben, der man war, als man jung, ja, als man noch ein Kind war.»

Die Zeichen des Alters sind meist recht eindeutig. Wir altern vor uns hin, meist eher unauffällig, aber es gibt auch Einschnitte: Dann wird das Alter endgültig unhöflich, schiebt die uns verbliebene Jugendlichkeit zur Seite und macht sich an uns so rigoros zu schaffen, daß es unangenehm auffällig wird. Wir sind über Nacht gealtert, so scheint es, und der damit verbundene Trübsinn wird noch verstärkt, wenn wir an wenig einfühlsame Zeitgenossen geraten, die uns unverblümt bestätigen, was sich uns selbst gerade als ungute Vermutung aufdrängt. Neben den äußeren Anzeichen des Alterns gibt es innere Alarmsignale, die wir wachsam registrieren, aber, im eigenen Wohlbefindlichkeitsinteresse, nicht überbewerten sollten. Schließlich können auch jüngere Leute erstaunlich vergesslich sein, die Orientierung verlieren oder, in merkwürdigen Momentaufnahmen, mit sich selbst auf einmal nicht mehr wie gewohnt klarkommen. Wesentlich unverfänglicher mutet da eine Beobachtung an, die jeder anstellen kann: «Wie man auf einem Schiffe befindlich, sein Vorwärtskommen nur am Zurückweichen und demnach Kleinerwerden der Gegenstände auf dem Ufer bemerkt, so wird man sein Alt- und Älterwerden daran inne, daß Leute von immer höheren Jahren einem jung vorkommen.»

Je länger man lebt, desto mehr denkt man an Abgang. Das ist kein erhebender Gedanke, er läßt sich jedoch nicht verdrängen. Bevor es indes so weit ist, daß man tatsächlich in den ewigen Ruhestand tritt, möchte man die letzte Lebensspanne möglichst unbeschadet überstehen: die Altersbeschwerden sollten erträglich sein, der Geist zumindest so wach, daß er sich noch an wärmenden Erinnerungen erfreuen kann und für schöne Momente des Tages empfänglich bleibt. Alte Leute, sagt Schopenhauer, sind im übrigen nicht so ungeschickt, wie man meint: «Im Alter versteht man die Unglücksfälle zu verhüten; in der Jugend, sie zu ertragen.» Absolut wünschenswert ist es zudem, im Alter nicht allein zu sein. Man sollte dankbar sein für jeden Weggefährten, der einem geblieben ist, denn ab einem bestimmten Zeitpunkt, darauf weist auch eine gängige Redensart hin, kommen die Einschläge näher. So klammert man sich an die Menschen, die noch da sind – sie stehen für das schwindende Leben, von dem man sich langsam, aber sicher zu verabschieden hat: «Jede Trennung gibt einen Vorgeschmack des Todes – und jedes Wiedersehen einen Vorgeschmack der Auferstehung. Darum jubeln selbst Leute, die einander gleichgültig waren, so sehr, wenn sie, nach zwanzig oder gar dreißig Jahren, wieder zusammentreffen.» Vielleicht hat man ja auch, kurz vor dem irdischen Ladenschluß, noch die unbescheidene Hoffnung, das Rätsel des Lebens gelöst zu bekommen. Ein solches Abschiedsgeschenk wird es jedoch, abseits von Glaubenswahrheiten, nicht geben. Und auch danach, wenn einem denn tatsächlich das (vorläufig?) letzte Stündlein schlägt, sollte man nicht darauf spekulieren, verbindliche Gewißheiten zugeteilt zu bekommen: «Wenn inzwischen ein Philosoph etwa vermeinen sollte, er würde im Sterben einen ihm allein eigenen Trost, jedenfalls eine Diversion [Ablenkung], darin finden, daß dann ein Problem sich löste, welches ihn so häufig beschäftigt hat, so wird es ihm vermutlich gehen wie einem, dem, als er eben das Gesuchte zu finden im Begriff ist, die Laterne ausgeblasen wird.»

Eines Tages wird uns tatsächlich die Laterne ausgeblasen. Dann ist Schluß. Wirklich Schluß? Das Leben nach dem
Tode ist eine hartnäckige, buchstäblich nicht totzukriegende
Menschheitsidee, der wir, mögen wir uns auch noch so glaubens-
fern und ernüchtert geben, in dezenten Privatvisionen nach-
hängen. Einmal ins Leben befördert, mögen wir nicht mehr davon lassen, auch wenn es uns zwischenzeitlich sauer ankommen
mag und oft mehr Belastung als Freude bedeutet. Da erscheint
uns der Tod als natürlicher Feind. Wir mögen ihn nicht, auch
wenn er gelegentlich als versteckter Wohltäter auftritt, der uns
von schwerem Leiden befreit oder einen Ausweg weist, der vermutlich gar kein Ausweg ist. Schopenhauer sieht den Tod, dem
keiner gern begegnet, freundlicher, als man zunächst vermuten
würde. Zwar gibt er zu: «Für uns ist und bleibt der Tod ein
Negatives – das Aufhören des Lebens». Aber damit kann man
es nicht bewenden lassen: «Er muß auch eine positive Seite
haben, die jedoch uns verdeckt bleibt, weil unser Intellekt
durchaus unfähig ist, sie zu fassen. Daher erkennen wir wohl,
was wir durch den Tod verlieren, aber nicht, was wir durch ihn
gewinnen.» Über den Gewinn, den uns der Tod, möglicherweise, beschert, lassen sich, unserem Intellekt sei Dank, nur
Mutmaßungen anstellen. Die aber müssen geleistet werden: zu
wuchtig, zu einschneidend erscheint uns das Ereignis Tod, als
daß wir unsere Überlegungen davon fernhalten könnten. Auch
wenn wir noch leben, kreisen unsere Gedanken um den Tod,
von dem vor allem die eine, ebenso bedrückende wie unaus-
weichliche Botschaft ausgeht: Irgendwann ist alles zu Ende,

auch für uns selbst. Schopenhauer stellt dagegen eine tiefgreifende Ahnung, von der er annimmt, daß sie im Grunde Gewißheitscharakter beanspruchen kann: «Wie kann man nur beim Anblick des Todes eines Menschen vermeinen, hier werde ein Ding an sich selbst zu nichts? Daß vielmehr nur eine Erscheinung in der Zeit, dieser Form aller Erscheinungen, ihr Ende finde, ohne daß das Ding an sich selbst dadurch angefochten werde, ist eine unmittelbare, intuitive Erkenntnis jedes Menschen; daher man es zu allen Zeiten, in den verschiedensten Formen und Ausdrücken … auszusprechen bemüht gewesen ist.» Die Wahrscheinlichkeit, daß es mit uns weitergeht, in welcher Existenzweise auch immer, ist für Schopenhauer größer als die Annahme des Gegenteils, dem er nicht viel abgewinnen kann: Er sträubt sich dagegen, daß die Einstellung unseres irdischen Geschäftsbetriebs das endgültige Aus bedeuten könnte, und weiß sich mit dieser Vermutung auf der Mehrheitsseite: «Jeder fühlt, daß er etwas anderes ist als ein von einem andern einst aus Nichts geschaffenes Wesen. Daraus entsteht ihm die Zuversicht, daß der Tod wohl seinem Leben, jedoch nicht seinem Dasein ein Ende machen kann. Der Mensch ist etwas anderes als ein belebtes Nichts – und das Tier auch. Wer da meint, sein Dasein sei auf sein jetziges Leben beschränkt, hält sich für ein belebtes Nichts: denn vor dreißig Jahren war er nichts und über dreißig Jahre ist er wieder nichts.» Vielleicht müssen wir, wenn wir über unser Lebensende hinauszudenken versuchen, unsere hiesigen, am handfesten Realitätsprinzip geschulten Vorstellungen über Bord werfen und uns daran erinnern, daß wir tagtäglich und mehr noch in der Nacht mit Wirklichkeiten bedacht werden, die unwirklich anmuten, aber trotzdem bleibende Wirkung hinterlassen können: «Wie in unsern Träumen Verstorbene als Lebende auftreten, ohne daß ihres Todes auch nur gedacht werde: so wird, nachdem unser jetziger Lebenstraum durch einen Tod geendigt, alsbald ein neuer anheben, der nichts weiß von jenem Leben und jenem Tode.»

Ohnehin weiß der Realist Schopenhauer die Träume mehr zu schätzen, als man meint. Träume durchziehen das Leben, und manchmal lassen sich Traum und Wirklichkeit kaum mehr voneinander unterscheiden. Das muß auch nicht sein, denn über allem liegt eine stille Vergänglichkeit, die ihre Stunde immer schon gekommen sieht, auch wenn wir uns, in wiederkehrenden Notwehrsituationen, an der Gegenwart festhalten und Widerstand leisten gegen das unerbittliche Verfließen der Zeit. «Das Leben und die Träume sind Blätter eines und des nämlichen Buches. Das Lesen im Zusammenhang heißt wirkliches Leben. Wenn aber die jedesmalige Lesestunde (der Tag) zu Ende und die Erholungszeit gekommen ist, so blättern wir oft noch müßig und schlagen, ohne Ordnung und Zusammenhang, bald hier, bald dort ein Blatt auf: oft ist es ein schon gelesenes, oft ein noch unbekanntes, aber immer aus demselben Buch.» Bleibt man im Bild und sieht das Leben als Traum, kann man das, wie es sich Schopenhauer bei guter Laune erlaubt, als feinsinnige Inszenierung begreifen, deren Regisseur wir zwar nicht kennen, die uns aber, übersieht man denn alle aufgebotenen Winkelzüge und Doppelbödigkeiten, doch zu überzeugen vermag. Man kann allerdings auch eher schlechtgelaunt seine Wertung abgeben; dann kommt einem das dargebotene Stück wie eine dreiste, vollkommen uninspirierte Dauerwiederholung vor, an der nur Dilettanten mitwirken, die einem auf die Nerven gehen und ein geradezu klägliches Bild abgeben: «Es ist wirklich unglaublich, wie nichtssagend und bedeutungsleer, von innen empfunden, das Leben der allermeisten Menschen dahinfließt. Es ist ein mattes Sehnen und Quälen, ein träumerisches Taumeln durch die vier Lebensalter hindurch zum Tode, unter Begleitung einer Reihe trivialer Gedanken. Sie gleichen Uhrwerken, welche aufgezogen werden und gehen, ohne zu wissen warum; und jedesmal, daß ein Mensch gezeugt und geboren worden, ist die Uhr des Menschenlebens aufs neue aufgezogen, um jetzt ihr schon zahllose Male abgespieltes Leierstück abermals zu wiederholen, Satz vor Satz und Takt vor Takt, mit unbedeutenden Variationen.»

Das Leben ein Traum, manchmal auch ein Alptraum, aber es gibt ein Erwachen, in dem man sich jeweils neu erfinden und sortieren muß. Weiter geht es immer, ist Schopenhauers Überzeugung, man sollte das eben nur nicht allzu persönlich nehmen. Die Gewinn- und Verlustrechnung geht auf, allerdings nur in der Gesamtbilanz und weniger bei den unzähligen Einzelposten, hinter denen sich indivuelle Schicksale und Lebensläufe verbergen. In seiner wunderbaren Einzigartigkeit, aus der sich trotzdem immer wieder Ähnlichkeiten mit anderen lebenden Personen ablesen lassen, ist das Individuum nicht zu ersetzen; es ändert allerdings nichts am insgesamt eher nüchternen Geschäftsbetrieb, den Leben und Tod aufgezogen haben und der weitergehen muß, koste es was es wolle. Für den Einzelnen, der sich an die Werthaltigkeit der eigenen Person gewöhnt hat und ein Vertrauensverhältnis zu sich selbst pflegt, das er nicht missen möchte, ist das keine erhebende Aussicht; sie läßt sich jedoch auch als beruhigend, ja gar als tröstlich begreifen: «Wie durch den Eintritt der Nacht die Welt verschwindet, dabei jedoch keinen Augenblick zu sein aufhört; ebenso scheinbar vergeht Mensch und Tier durch den Tod, und ebenso ungestört besteht dabei ihr wahres Wesen fort. Nun denke man sich jenen Wechsel von Geburt und Tod in unendlich schnellen Vibrationen, und man hat die beharrliche Objektivation des Willens, die bleibenden Ideen der Wesen vor sich, fest stehend, wie der Regenbogen auf dem Wasserfall. Dies ist die zeitliche Unsterblichkeit.» Mag man selbst auch gestorben sein – die anderen machen für einen weiter, was im Sinne der Menschheit eine überaus ehrenwerte Perspektive ist, uns die Angst vor dem

Tod aber nur bedingt nimmt, dazu hängt nun mal jeder zu sehr an seinem Leben. Dennoch: «Trotz Jahrtausenden des Todes und der Verwesung (ist) noch nichts verlorengegangen, kein Atom der Materie, noch weniger etwas von dem innern Wesen, welches als die Natur sich darstellt. Demnach können wir jeden Augenblick wohlgemut ausrufen: ‹Trotz Zeit, Tod und Verwesung sind wir noch alle beisammen›.»

Keiner geht uns verloren, auch die Leute nicht, die wir noch nie leiden konnten; ein zusätzlicher Grund dafür, daß wir, allen Selbstberuhigungsmaßnahmen zum Trotz, letztlich nicht allzu erwartungsfroh ins Jenseits vorausschauen, in das wir dereinst, jeder zu seiner Zeit, befördert werden. Wir halten uns insgesamt lieber ans Leben, da meinen wir zu wissen, was wir haben. Der Tod kommt uns wie ein unheimlicher Türsteher vor, der Einlaß in ein Etablissement gewährt, in das man gar nicht hinein will. Es hat keinen guten Ruf, ist finster, und wer drinnen die Geschäfte führt, wissen wir nicht. Das alles darf uns jedoch nicht schrecken, wiederholt Schopenhauer, der daran erinnert, daß es mit einer Errungenschaft unseres Menschseins, dem Bewußtsein nämlich, auf das wir nach gängiger Meinung stolz zu sein haben, noch nie so ganz weit her war. Schon zu Lebzeiten sind ihm entscheidende Dinge vorenthalten worden; warum sollte es sich da angesichts des Todes auf einmal als unentbehrlich erweisen. Allerdings ist auch das eine Sache des Blickwinkels: «Das Leben kann ... angesehn werden als ein Traum und der Tod als das Erwachen. Dann aber gehört die Persönlichkeit, das Individuum, dem träumenden und nicht dem wachen Bewußtsein an; weshalb denn jenem der Tod sich als Vernichtung darstellt. Jedenfalls jedoch ist er, von diesem Gesichtspunkt aus, nicht zu betrachten als der Übergang zu einem uns ganz neuen und fremden Zustande, vielmehr nur als der Rücktritt zu dem uns ursprünglich eigenen, als von welchem das Leben nur eine kurze Episode war.»

Eine kühne Annahme, daß der Tod uns aus allen Träumen reißt und einen Auftritt an anderer Stelle ermöglicht, der womöglich wiederum ein ganzes Leben lang dauert und mit Zugaben belohnt wird, die irgendwann über unsere Kräfte gehen. Beweisbar ist diese Annahme nicht, wie eben auch ihr Gegenteil nicht beweisbar ist; dafür sollten wir dankbar sein, denn wir könnten auf Dauer nicht in innerer Ausgeglichenheit leben, wenn uns auf einmal sämtliche metaphysischen Geheimnisse gelöst würden und wir Gott als «furchtbare Majestät» (Kant) in Realpräsenz erblickten, der, nach seiner letztgültigen und unwiderruflichen Offenbarung, noch mehr und noch ausschließlicher als zuvor bedient werden will. Auch und gerade was die letzten Dinge angeht, erweist sich das Bewußtsein als ein arg limitierter Begleiter, den wir uns im übrigen nicht selbst herangezogen haben, sondern irgendwann einmal, in grauer Vorzeit, zugewiesen bekamen, weil sich abzuzeichnen schien, daß komplexere Lebensverhältnisse nach einer komplexeren Denk- und Reaktionsapparatur verlangten, als sie der Mensch zuvor mit sich herumtrug. Der Intellekt jedenfalls, der uns durchs Leben begleitet, darf sich seiner Sache nicht sicher sein; so plötzlich, wie er eingestellt wurde, kann er als abhängig Beschäftigter auch wieder entlassen werden: «Denn im Tode geht allerdings das Bewußtsein unter; hingegen keineswegs das, was bis dahin dasselbe hervorgebracht hatte. Das Bewußtsein nämlich beruht zunächst auf dem Intellekt; dieser aber auf einem physiologischen Prozeß. Denn er ist augenscheinlich die Funktion des Gehirns und daher bedingt durch das Zusammenwirken des Nerven- und Gefäßsystems; näher, durch das vom Herzen aus ernährte, belehrte und fortwährend erschütterte Gehirn, durch dessen künstlichen und geheimnisvollen Bau, welchen die Anatomie beschreibt, aber die Physiologie nicht versteht, das Phänomen der objektiven Welt und das Getriebe unserer Gedanken zustande kommt …»

Viel Sand ist im Getriebe unserer Gedanken, wir wissen es: ein Grund mehr dafür, sich nicht aufzuregen, wenn das eigene Bewußtseinsmaschinchen eines Tages endgültig abgeschaltet wird. Wir verlieren wenig, gewinnen aber womöglich etwas hinzu, das wir noch gar nicht einzuschätzen wissen: «In diesem Urzustande nun ist, ohne Zweifel, ein solcher Notbehelf wie das zerebrale, höchst mittelbare und ebendeshalb bloße Erscheinungen liefernde Erkennen, durchaus überflüssig; daher wir es eben verlieren. Sein Wegfallen ist eins mit dem Aufhören der Erscheinungswelt für uns, deren bloßes Medium es war und zu nichts anderm dienen kann. Würde in diesem unserm Urzustande die Beibehaltung jenes animalen Bewußtseins uns sogar angeboten, so würden wir es von uns weisen wie der geheilte Lahme die Krücken.»

Auch der Philosoph, der sich kluge Gedanken über Gott und die Welt und den Tod macht, ist nur ein Normalsterblicher. Als solcher weiß er, daß man nicht studiert haben muß, um unser irdisches Dasein, das einen Anfang und ein Ende hat, in einer schlichten Einsicht zusammenfassen zu können: «Ein zu jeder Zeit und für jeden faßlicher Trost ist: ‹Der Tod ist so natürlich wie das Leben; und dann wollen wir weitersehn.›» Keine Angst also vor dem Tod, und noch weniger vor dem Leben: In seiner Sterbephilosophie ist der versierte Pessimist Schopenhauer erstaunlich optimistisch. Mag unser Weiterleben nach dem Tode, wenn es denn überhaupt stattfindet, auch im Dunkel liegen, so muß man deshalb für den Fall der Fälle nicht automatisch schwarzsehen. Wer beizeiten daran glaubt, daß es für uns mehr geben muß als ein einmaliges Gastspiel auf Erden, macht sich selbst Mut und bringt Licht ins Dunkel: «Wir schaudern vor dem Tode vielleicht hauptsächlich, weil er dasteht als die Finsternis, aus der wir einst hervorgetreten und in die wir nun zurück sollen. Aber ich glaube, daß, wenn der Tod unsere Augen schließt, wir in einem Licht stehn, von welchem unser Sonnenlicht nur der Schatten ist.» Die Aussichten also sind gar nicht schlecht, man muß nur daran glauben, was sich auch durch eine Vielzahl stummer Zeugen bestätigen ließe, die aber wohl lieber nicht mehr befragt werden wollen: «Klopfte man an die Gräber und fragte die Toten, so sie wieder aufstehn wollten; sie würden mit den Köpfen schütteln.»

Der Tod hat keinen Schrecken, aber was ist mit dem Leben? Es sollte nicht nur negativ gesehen werden, denn dann wäre es kaum auszuhalten. Der Mensch hat ein Recht darauf, sich auch dann zu freuen, wenn zur Freude kein offiziell genehmigter Anlaß besteht. Schopenhauer weiß ab einem bestimmten Zeitpunkt, daß er es mit der Schwarzmalerei nicht übertreiben darf, wenn seine Philosophie, die er lange genug einer uninteressierten Öffentlichkeit vorgehalten hatte, doch noch den verdienten Erfolg haben soll. Da trifft es sich gut, daß er selbst mit zunehmendem Alter milder wird. Seine Weltsicht, die in jungen Jahren noch kompromißlos abwertend gewesen ist, heitert sich auf und bekommt eine Portion Behaglichkeit injiziert, die auch aus seinen komfortablen Lebensumständen resultiert, in denen man sich bestens einrichten kann. Die Gelassenheit, schon immer dem Alter mehr zugetan als der Jugend, nimmt zu und sorgt für eine nachsichtige Betrachtung der Dinge des Lebens. Dazu gehört zum Beispiel auch die Liebe, der wir von jeher große Bedeutung beimessen. In ihrer leidenschaftlichen Form gilt sie als Spielart der Jugend, während das Alter sich auf eine herabgestimmte Variante der Liebe einzustellen hat, die der verminderten Leistungsfähigkeit entspricht, mit der man es mit den Jahren zu tun bekommt. Schopenhauer ist dies, vom Stand der Altersweisheit aus betrachtet, nur recht; er hat die Liebe, glaubt er, ohnehin nie für so himmelstürmend gehalten, wie es ihrer sonstigen, durchaus mehrheitsfähigen Wertschätzung entspricht. Da fällt er allerdings einem Verdrängungskunststück anheim: Als junger Mann nämlich war er in einem Maße liebes-

und leidenschaftsfähig, das es ihm schwermachte, sich zur Mäßigung anzuhalten oder in sinnlich prekären Situationen auf andere Gedanken zu kommen. Er hat einige Male heftig geliebt, erträumte sich auch bei passender Gelegenheit ein privates Familienglück, das ihm jedoch, vielleicht auch, weil er zu rigorose Anforderungen stellte, nicht beschieden war. Als sich diese Stürme seines Lebens legten, wußte er zunächst nicht, was er davon halten sollte. Zunächst reagierte er mit Unfreundlichkeiten dem anderen Geschlecht gegenüber, das er unter Generalverdacht stellte. Mit den Frauen, fand er, ist es noch nie weit her gewesen, was schon beim Äußeren anfängt: «Schon der Anblick der weiblichen Gestalt lehrt, daß das Weib weder zu großen geistigen, noch körperlichen Arbeiten bestimmt ist. Es trägt die Schuld des Lebens nicht durch Tun, sondern durch Leiden ab, durch die Wehen der Geburt, die Sorgfalt für das Kind, die Unterwürfigkeit unter den Mann, dem es eine geduldige und aufheiternde Gefährtin sein soll.» Schon mit dieser Aussage macht Schopenhauer klar, daß er zum Frauenbeauftragten nicht taugt. Er hält das andere Geschlecht für minderbemittelt, was für ihn in der Natur der Sache liegt und keinesfalls als Ungerechtigkeit anzusehen ist. Eine Frau hat sich nicht selbst zu verwirklichen, sondern an der Seite eines Mannes auszuharren, der das Sagen hat, auch wenn ihm seine Lebensgefährtin sagt, wo es lang geht. Solch zementierte Machtverhältnisse in Frage zu stellen, kommt Schopenhauer nicht mal ansatzweise in den Sinn, weswegen er auch dem Betätigungsfeld des anderen Geschlechts von vornherein enge Grenzen setzt: «Zu Pflegerinnen und Erzieherinnen unserer ersten Kindheit eignen die Weiber sich gerade dadurch, daß sie selbst kindisch, läppisch und kurzsichtig, mit einem Worte, Zeit Lebens große Kinder sind: eine Art Mittelstufe, zwischen dem Kinde und dem Manne, als welcher der eigentliche Mensch ist. Man betrachte nur ein Mädchen, wie sie, Tage lang, mit einem Kinde tändelt, herumtanzt und singt, und denke sich, was ein Mann, beim besten Willen, an ihrer Stelle leisten könnte.» Gäbe es ein von Männern dominiertes Laiengericht, das über die Frauen zu urteilen hat, wäre Schopenhauer als selbsternannter Vorsitzender wegen Befangenheit abzulehnen, zumal er sich nicht nur unfreundlich äußert, sondern regelrecht gehässig werden kann: «Das niedrig gewachsene, schmalschultrige, breithüftige und kurzbeinige Geschlecht das schöne nennen, konnte nur der vom Geschlechtstrieb umnebelte männliche Intellekt: in diesem Triebe nämlich steckt seine ganze Schönheit. Mit mehr Fug könnte man das weibliche Geschlecht das *unästhetische* nennen. Weder für Musik, noch Poesie, noch bildende Künste haben sie wirklich und wahrhaftig Sinn und Empfänglichkeit: sondern bloße Äfferei, zum Behuf ihrer Gefallsucht, ist es, wenn sie solche affektieren und vorgeben. Das macht, sie sind keines rein objektiven Anteils an irgend etwas fähig ... Man darf nur die Richtung und Art ihrer Aufmerksamkeit im Konzert, Oper und Schauspiel sehen, mit der sie, unter den schönsten Stellen der größten Meisterwerke, ihr Geplapper fortsetzen.» Zum Frauenversteher taugt Schopenhauer nicht, er fühlt sich berufen, weiblichem Anspruchsdenken ganz uncharmant entgegenzutreten: «Es wäre sonach sehr wünschenswert, daß auch in Europa dieser Nr. 2 des menschlichen Geschlechts ihre naturgemäße Stelle wieder angewiesen und dem Damen-Unwesen ... ein Ziel gesetzt würde: wovon die Folgen, in gesellschaftlicher, bürgerlicher und politischer Hinsicht, unberechenbar wohltätig sein würden ... Die eigentliche Europäische Dame ist ein Wesen, welches gar nicht existieren sollte; sondern Hausfrauen sollte es geben und Mädchen, die es zu werden hoffen, und daher nicht zur Arroganz, sondern zur Häuslichkeit und Unterwürfigkeit erzogen werden.»

Als Mann weiß sich Schopenhauer, erfreulicherweise, den «eigentlichen Menschen» zugehörig und muß sich keine Zurückhaltung auferlegen, wenn es gilt, die «Weiber», von denen er sich zu Lebzeiten mißachtet, auf jeden Fall aber unter Wert behandelt sieht, auf ihr Normalmaß zurechtzustutzen. Daß seine Geschlechterstudien, zumindest aus heutiger Sicht, allenfalls amüsante Spiegelfechtereien sind, muß ihn nicht schrecken, im Gegenteil. Fast könnte man meinen, daß er die ihm vorenthaltenen Liebesgeschichten von ihrem mutmaßlichen Ende her aufrollt und sich einen Blick zurück im Zorn gönnt, der mit der Zeit allerdings, auch das eine Sache des weisen Alters, weniger streng ausfällt. Im Grunde können Männer und Frauen nicht anders, sie müssen ausleben, was die Natur (der Wille) für sie vorgesehen hat. So nehmen auch die Rituale der sich anbahnenden Liebesspiele einen vorhersehbaren Verlauf, wobei auch hier der Mann die eindeutig besseren Karten hat, während die Frauen eigentlich nur auf einen Trumpf setzen können, der ihnen mitgegeben wurde: «Mit den Mädchen hat es die Natur auf das, was man, im dramaturgischen Sinne, einen Knalleffekt nennt, abgesehn, indem sie dieselben, auf wenige Jahre, mit überreichlicher Schönheit, Reiz und Fülle ausstattete, auf Kosten ihrer ganzen übrigen Lebenszeit; damit sie nämlich, während jener Jahre, der Phantasie eines Mannes sich in dem Maße bemächtigen könnten, daß er hingerissen wird, die Sorge für sie auf Zeit Lebens, in irgend einer Form, ehrlich zu übernehmen.» Der Liebreiz der Frauen verwelkt schnell, meint Schopenhauer, wobei er an den eigenen Liebreiz keinen Gedanken verschwendet; warum auch, schließlich hat der Mann, als «eigentlicher Mensch», genügend andere Werte, die geradezu erdrückend überzeugend wirken müssen. Daß die Anziehungskraft der Frauen manchmal schneller schwindet, als die Männer gucken können, ist hinzunehmen und läßt sich mit künstlichen Nachbesserungsmaßnahmen nicht aufhalten; auch im zwischenmenschlichen Bereich sollte man der Natur, die allerdings für vieles herhalten muß, was eher in unserer Verantwortung liegt, nicht ins Handwerk pfuschen: «Sonach hat die Natur das Weib, eben wie jedes andere ihrer Geschöpfe, mit den Waffen und Werkzeugen ausgerüstet, deren es zur Sicherung seines Daseins bedarf, und auf die Zeit, die es ihrer bedarf; wobei sie denn auch mit ihrer gewöhnlichen Sparsamkeit verfahren ist. Wie nämlich die weibliche Ameise, nach der Begattung, die fortan überflüssigen, ja, für das Brutverhältnis gefährlichen Flügel verliert; so meistens, nach einem oder zwei Kindbetten, das Weib seine Schönheit; wahrscheinlich sogar aus demselben Grunde.»

Immerhin ist Schopenhauer großzügig genug, den Frauen ein Rede- und Beratungsrecht zuzugestehen, ja, er empfiehlt es sogar: «In schwierigen Angelegenheiten, nach Weise der alten Germanen, auch die Weiber zu Rate zu ziehen, ist keineswegs verwerflich: denn ihre Auffassungsweise der Dinge ist von der unsrigen ganz verschieden und zwar besonders dadurch, daß sie gern den kürzesten Weg zum Ziele und überhaupt das zunächst Liegende ins Auge faßt, über welches wir, eben weil es vor unserer Nase liegt, meistens weit hinwegsehn; wo es uns dann Not tut, um die nahe und einfache Ansicht wieder zu gewinnen. Hinzu kommt, daß die Weiber entschieden nüchterner sind als wir; wodurch sie in den Dingen nicht mehr sehn, als wirklich da ist; während wir, wenn unsere Leidenschaften erregt sind, leicht das Vorhandene vergrößern oder Imaginäres hinzufügen.» Bei den Eigenschaften, die Schopenhauer als Geschlechterbetrachter auflistet, hätte man unter Umständen eine andere Zuordnung erwartet: Hält man nicht die Frauen für phantasiebegabter und leidenschaftsfähiger, während Männern eine eher nüchterne Sicht der Dinge zugeschrieben wird? Da solche Verallgemeinerungen aber ohnehin nicht beweispflichtig sind und es umfassende Einzelfallprüfungen nicht gibt, lassen sich immer nur Tendenzen angeben, die einem bekannt oder weniger bekannt vorkommen: «Aus derselben Quelle ist abzuleiten, daß die Weiber mehr Mitleid und daher mehr Menschenliebe und Teilnahme an Unglücklichen zeigen als die Männer; hingegen im Punkte der Gerechtigkeit, Redlichkeit und Gewissenhaftigkeit diesen nachstehn.»

Zwischen den Geschlechtern besteht eine natürliche Anziehung, die der Liebe vorangeht und ständig bedient werden will. Was meist spielerisch beginnt, wird schnell zur ernsten Sache, die vollen Einsatz verlangt. Wer in die Liebe fällt, kommt daraus, so oder so, nicht mehr unbeschadet hervor, es geht immer ums Ganze. Es muß demnach gute Gründe dafür geben, daß die Liebe zum alles beherrschenden Thema unseres Sinnens und Trachtens geworden ist: «Wenn man ... die wichtige Rolle betrachtet, welche die Geschlechtsliebe in allen ihren Abstufungen und Nuancen, nicht bloß in Schauspielen und Romanen, sondern auch in der wirklichen Welt spielt, wo sie, nächst der Liebe zum Leben, sich als die stärkste und tätigste aller Triebfedern erweist, die Hälfte der Kräfte und Gedanken des jüngern Teils der Menschheit fortwährend in Anspruch nimmt, das letzte Ziel fast jedes Bestrebens ist, auf die wichtigsten Angelegenheiten nachteiligen Einfluß erlangt, die ernsthaftesten Beschäftigungen zu jeder Stunde unterbricht, bisweilen selbst die größten Köpfe auf eine Weile in Verwirrung setzt, sich nicht scheut, zwischen die Verhandlungen der Staatsmänner und die Forschungen der Gelehrten, störend, mit ihrem Plunder einzutreten, ihre Liebesbriefchen und Haarlöckchen sogar in ministerielle Portefeuilles und philosophische Manuskripte einzuschieben versteht, nicht minder täglich die verworrensten und schlimmsten Händel anzettelt, die wertvollsten Verhältnisse auflöst, die festesten Bande zerreißt, bisweilen Leben oder Gesundheit, bisweilen Reichtum, Rang und Glück zu ihrem Opfer nimmt, ja den sonst Redlichen gewissenlos, den bisher Treuen zum Verräter macht, demnach im Ganzen auftritt als ein feindseliger Dämon, der Alles zu verkehren, zu verwirren und umzuwerfen bemüht ist». Die Liebe kennt kein Maß und kein Ziel, so scheint es, aber das ist nicht wahr, wenn man genauer hinschaut und *die* Frage der Fragen stellt: «Wozu der Lärm? Wozu das Drängen, Toben, die Angst und die Not? Es handelt sich ja bloß darum, daß jeder Hans seine Grete finde: weshalb sollte eine solche Kleinigkeit eine so wichtige Rolle spielen und unaufhörlich Störung und Verwirrung in das wohlgeregelte Menschenleben bringen?» Die Antwort ist einfacher, als man vermutet, und macht deutlich, daß die Liebe zwar maßlos sein mag, aber vordergründig sehr wohl ein Ziel kennt: «Es ist keine Kleinigkeit, worum es sich hier handelt; vielmehr ist die Wichtigkeit der Sache dem Ernst und Eifer des Treibens vollkommen angemessen.» Denn: «Der Endzweck aller Liebeshändel ... ist wirklich wichtiger als alle andern Zwecke im Menschenleben, und daher des tiefen Ernstes, womit jeder ihn verfolgt, vollkommen wert. Das nämlich, was dadurch entschieden wird, ist nichts Geringeres als die *Zusammensetzung der nächsten Generation* ... Die sämtlichen Liebeshändel der gegenwärtigen Generation zusammengenommen sind demnach des ganzen Menschengeschlechts ernstliche Überlegung hinsichtlich der Zusammensetzung der künftigen Generation, vor der wiederum zahllose Generationen.» Liebe also als Mittel zum Zweck; das klingt ernüchternd, leuchtet aber auch ein: Schließlich hat fast jeder schon am eigenen Leib gespürt, was es heißt, aus der Liebe wieder herauszufallen und ins Liebesleid abzustürzen. Die Enttäuschung sitzt tief, man sieht das Höchste der Gefühle auf einmal nur noch skeptisch, wird gar gehässig oder verbittert. Auch und gerade in Liebesdingen kann man zum gebrannten Kind werden, was die meisten jedoch nicht daran hindert, ihr Glück immer wieder neu zu suchen und zu finden. Eine Liebe stirbt, aber insgesamt ist sie nicht totzukriegen: sie dient der gemeinsamen Sache. Dem Einzelnen ist das, erfreulicherweise, nicht bewußt; sonst wäre sein ganz persönliches Verliebtheitsabenteuer, mit dem alles anfängt, vergleichsweise witzlos, auf jeden

Fall nicht so schön, wie es zunächst den Anschein hat. Die Dramaturgie die Liebe ist fast immer an ein Täuschungsmanöver gekoppelt, das man besser nicht durchschauen sollte, wenn man sich den Spaß nicht verderben will: «Was … im Bewußtsein erscheint als ein auf ein bestimmtes Individuum gerichteter Geschlechtstrieb, das ist an sich selbst der Wille, als ein genau bestimmtes Individuum zu leben. In diesem Fall nun weiß der Geschlechtstrieb, obwohl an sich ein subjektives Bedürfnis, sehr geschickt die Maske einer objektiven Bewunderung anzunehmen und so das Bewußtsein zu täuschen: denn die Natur bedarf dieses Stratagems [Kriegslist] zu ihren Zwecken. Daß es aber, so objektiv und von erhabenem Anstrich jene Bewunderung auch erscheinen mag, bei jedem Verliebtsein doch allein abgesehn ist auf die Erzeugung eines Individuums von bestimmter Beschaffenheit, wird zunächst dadurch bestätigt, daß nicht etwa die Gegenliebe, sondern der Besitz, d.h. der physische Genuß das Wesentliche ist … Daß dieses bestimmte Kind erzeugt werde, ist der wahre, wenn gleich den Teilnehmern unbewußte Zweck des ganzen Liebesromans; die Art und Weise, wie er erreicht wird, ist Nebensache.» Die schönste Hauptsache der Welt wird zwar weitgehend in wohltuender Absichtslosigkeit betrieben, bedarf aber doch, nicht zuletzt im Interesse der «künftigen Generation», einer gewissen Sorgfalt; also *Augen auf bei der Partnerwahl*. Mag sich die Liebe auch zunächst nur als wahlloses Vergnügen darstellen, an dem alle teilhaben können, so gibt es doch beträchtliche Unverträglichkeiten, die meist erst im nachhinein auffällig werden, wenn das Glück, das man anstrebte, sich schon wieder abgesetzt hat und anderweitig unterwegs ist. Vor dem Scheitern einer Liebe ist niemand gefeit; es gibt allerdings, weiß der vor allem theoretisch beschlagene Liebes- und Lebensberater Schopenhauer, deutliche Qualitätsunterschiede, die zu beachten sind. «Die wachsende Zuneigung zweier Liebenden ist eigentlich schon der Lebenswille des neuen Individuums, welches sie zeugen können und möchten; ja, schon im Zusammentreffen ihrer sehnsuchtsvollen Blicke entzündet sich ein neues Leben und gibt sich kund als eine künftig harmonische, wohl zusammengesetzte Individualität … Umgekehrt ist die gegenseitige, entschiedene und beharrliche Abneigung zwischen einem Mann und einem Mädchen die Anzeige, daß was sie zeugen könnten nur ein übel organisiertes, in sich disharmonisches, unglückliches Wesen sein würde.» Von einer Heirat, die unter solch ungünstigen Vorzeichen stattfinden soll, ist abzuraten, wie man überhaupt in den Bund der Ehe keine übertriebenen Erwartungen setzen sollte: «Heiraten heißt sein Möglichstes tun, einander zum Ekel zu werden.»

Schopenhauer wußte bereits zu Lebzeiten, daß er sich mit seiner Liebeslehre, die auf vorübergehenden Lustgewinn im Dienst der Gattung setzt, nicht viele Freunde machen würde: Der Mensch braucht romantische Idealvorstellungen, er möchte sich seine allseits beliebten Herzschmerzgeschichten, die am besten immer glücklich ausgehen sollten, nicht ausreden lassen, zumal er sich ja ohnehin der ständigen Einrede von Wohlmeinenden ausgesetzt sieht, die miesmachen, was ihm Freude macht. Schopenhauer zeigt sich davon unbeeindruckt, er hat der Liebe, glaubt er, genau die Würdigung angetan, die sie verdient: «Wie laut auch hier die hohen und empfindsamen, zumal aber die verliebten Seelen aufschreien mögen, über den derben Realismus meiner Ansicht; so sind sie doch im Irrtum. Denn, ist nicht die genaue Bestimmung der Individualitäten der nächsten Generation ein viel höherer und würdigerer Zweck, als jener ihrer überschwänglichen Gefühle und übersinnlichen Seifenblasen? Ja, kann es, unter irdischen Zwecken, einen wichtigeren und größeren geben? Er allein entspricht der Tiefe, mit welcher die leidenschaftliche Liebe gefühlt wird, dem Ernst, mit welchem sie auftritt, und der Wichtigkeit, die sie sogar den Kleinigkeiten ihres Bereiches und ihres Anlasses beilegt. Nur insofern man *diesen* Zweck als den wahren unterlegt, erscheinen die Weitläufigkeiten, die endlosen Bemühungen und Plagen zur Erlangung des geliebten Gegenstandes der Sache angemessen.»

Nicht erst nachdem man von Schopenhauer die verbliebenen Liebesillusionen zerlegt bekommen hat, wird man fragen: Wo bleibt das Positive? Altersweisheit sollte schließlich mehr sein als eine Einübung in Genügsamkeit, die einem ohnehin nahegelegt wird, wenn man in die Jahre kommt. Tatsächlich gibt es auch Positives bei Schopenhauer, das wäre die gute Nachricht. Die schlechte Nachricht ist, daß man nach dem Positiven suchen muß, es wird einem nicht verzehrfertig serviert, sondern man muß etwas dafür tun. Zum Beispiel seine Vorstellungskraft bemühen: Was wäre, wenn man, noch mitten im Treiben des Lebens stehend, auf einmal zur Ruhe käme: «Wann aber äußerer Anlaß oder innere Stimmung uns plötzlich aus dem endlosen Strome des Wollens heraushebt, die Erkenntnis dem Sklavendienste des Willens entreißt, die Aufmerksamkeit nun nicht mehr auf die Motive des Wollens gerichtet wird, sondern die Dinge frei von ihrer Beziehung auf den Willen auffaßt, also ohne Interesse, ohne Subjektivität, rein objektiv sie betrachtet, ihnen ganz hingegeben, sofern sie bloß Vorstellungen, nicht sofern sie Motive sind: dann ist die auf jenem ersten Wege des Wollens gesuchte, aber immer entfliehende Ruhe mit einem Male von selbst eingetreten, und uns ist völlig wohl.» Wer sich so gegen Stress und Hektik stellt, unterläuft den Aktivitätsdruck des Willens, der seine Betriebstemperatur, so scheint es, wohl doch nicht pausenlos hoch halten kann und sich selbst das eine oder andere verschämte Päuschen gönnen muß. Das gilt es auszunutzen, wobei man sich eines Verfahrens bedient, das auch in den verschiedensten Meditationsformen angewandt wird:

Man geht in sich, nimmt sich zurück, hört auf den Zuspruch der Stille, der sich ergibt, wenn die Stimme des Bewußtseins auf einmal sprachlos wird und, zumindest vorübergehend, nichts mehr zu sagen hat. Wir treten ein in den «schmerzenslose(n) Zustand, den Epikuros als das höchste Gut und als den Zustand der Götter pries: denn wir sind, für jenen Augenblick, des schnöden Willensdranges entledigt, wir feiern den Sabbat der Zuchthausarbeit des Wollens, das Rad des Ixion steht still ...»

Man kommt, wie gesagt, nicht von selbst in diesen Zustand, er muß sich ergeben und will bedacht sein. Es gibt allerdings eine Gunst der Umstände, die das ruhige Schauen und Selbstvergessenheit fördert: «Erleichtert ... wird jene rein objektive Gemütsstimmung durch entgegenkommende Objekte», etwa durch «die zu ihrem Anschauen einladende, ja sich aufdrängende Fülle der schönen Natur. Ihr gelingt es, sooft sie mit einem Male unserm Blicke sich auftut, uns, wenn auch nur für Augenblicke, der Subjektivität, dem Sklavendienste des Willens zu entreißen und in den Zustand des reinen Erkennens zu versetzen. Darum wird auch der von Leidenschaften oder Not und Sorge Gequälte durch einen einzigen Blick in die Natur so plötzlich erquickt, erheitert und aufgerichtet: der Sturm der Leidenschaften, der Drang des Wunsches und alle Qual des Wollens sind dann sogleich auf eine wundervolle Art beschwichtigt.» Wir vergessen uns selbst und erleben ein Glück, das keine Worte braucht, keine Überschwenglichkeit, die gefeiert werden will, sondern reine Anwesenheit ist. Sie liegt außerhalb der üblichen Erlebensfälle, ist jedoch, trotz ihrer Einzigartigkeit, so außergewöhnlich wiederum nicht, als daß nicht, wie von einer kaum wahrgenommenen Begleitmusik umspielt, eine Einübung stattfinden würde, aus der wir zumindest erahnen können, wie diese so ganz andere Erkenntnis aussehen könnte. «In dem Augenblicke, wo wir, vom Wollen losgerissen, uns dem reinen willenlosen Erkennen hingegeben haben, sind wir gleichsam in eine andere Welt getreten, wo alles, was unsern Willen bewegt und dadurch uns so heftig erschüttert, nicht mehr ist. Jenes Frei-werden der Erkenntnis hebt uns aus dem allen ebenso sehr und ganz heraus, wie der Schlaf und der Traum: Glück und Unglück sind verschwunden; wir sind nicht mehr das Indiv-duum, es ist vergessen, sondern nur noch reines Subjekt der Erkenntnis: wir sind nur noch da als das *eine* Weltauge, was aus allen erkennenden Wesen blickt, im Menschen allein aber völlig frei vom Dienste des Willens werden kann, wodurch aller Un-terschied der Individualität so gänzlich verschwindet, daß es alsdann einerlei ist, ob das schauende Auge einem mäch-tigen König oder einem gepeinigten Bettler angehört. Denn weder Glück noch Jammer wird über jene Grenze mit hinüber-genommen.»

Der Anblick der Natur ist es, der die Momente ruhiger Ge-wißheit und selbstlosen Schauens befördern kann, wobei man hinzufügen muß, daß es möglichst unangetastete, von Menschen noch nicht zugerichtete Natur sein sollte, die wir betrachten, was sich heutzutage allerdings als schwierig erweist. Fast noch wichtiger als die Natur ist für Schopenhauer die Kunst, die er als das eigentliche Betätigungsfeld ansieht, auf dem der Mensch Seelenruhe und Gelassenheit für sich selbst gewinnen kann. Ob große Kunst oder Kleinkunst: sie ist unverzichtbar und weist, wenn man sie ernst nimmt, über unsere irdischen Belange hin-aus: «Die Kunst ... wiederholt die durch reine Kontemplation aufgefaßten ewigen Ideen, das Wesentliche und Bleibende aller Erscheinungen der Welt, und je nachdem der Stoff ist, in wel-chem sie wiederholt, ist sie bildende Kunst, Poesie oder Musik. Ihr einziger Ursprung ist die Erkenntnis der Ideen; ihr einziges Ziel Mitteilung dieser Erkenntnis.» Das Weltbild, das über die schönen Künste vermittelt wird, ist ein ganz besonderes: Es hebt sich ab von jeglicher Alltagserfahrung und auch von den Erkenntnissen, die wir aus dem emsig surrenden Wissenschaftstreiben beziehen. Eine Wertung kann damit nicht verbunden sein; allenfalls läßt sich künstlerische Einsichtnahme mit dem bewußten Innehalten an einem Feiertag vergleichen, während das sonstige Erkenntnisgeschäft unter Erfolgsdruck steht und, getragen von Neugier und Forscherdrang, das unausgesprochene Interesse verfolgt, Besseres und Nützlicheres für die Gesellschaft zu finden. «Während die Wissenschaft ... bei jedem erreichten Ziel immer wieder weitergewiesen wird und nie ein letztes Ziel noch völlige Befriedigung finden kann, so wenig als man durch Laufen den Punkt erreicht, wo die Wolken den Horizont berühren, so ist dagegen die Kunst überall am Ziel. Denn sie reißt das Objekt ihrer Kontemplation heraus aus dem Strome des Weltenlaufs und hat es isoliert vor sich; und dieses einzelne, was in jenem Strome ein verschwindend kleiner Teil war, wird ihr ein Repräsentant des Ganzen, ein Äquivalent des in Raum und Zeit unendlich Vielen: sie bleibt daher bei diesem einzelnen stehen, das Rad der Zeit hält sie an, die Relationen verschwinden ihr ...»

Anders als Normalsterbliche gelten Künstler als kapriziös und ein wenig abgehoben, was an ihrer für Außenstehende nicht recht zu durchschauenden Betätigung liegt, deren Ertrag sich zudem nicht so beziffern läßt, wie man es aus anderen Berufssparten zu kennen meint. Künstler ziehen Vorurteile an, zumal dann, wenn es sich um selbsternannte Künstler handelt, deren Werke nicht so überzeugend ausfallen, daß man in tiefe Bewunderung verfiele. Eines der Vorurteile besagt denn auch, daß Kunst von Können kommen sollte, was den erweiterten Schluß zuläßt, daß man auf Künstler, die nichts können, getrost verzichten kann. Ja, die Kunst insgesamt steht unter Entbehrlichkeitsverdacht, sie gilt als unnütz. Das muß so sein, sagt Schopenhauer und weist darauf hin, daß etwas nicht stimmen würde, wenn es anders wäre: «Es werde musiziert oder philosophiert, gemalt oder gedichtet – ein Werk des Genies ist kein

Ding zum Nutzen. Unnütz zu sein, gehört zum Charakter der Werke des Genies: es ist ihr Adelsbrief. Alle übrigen Menschenwerke sind da zu Erhaltung oder Erleichterung unserer Existenz; bloß die hier in Rede stehenden nicht: sie allein sind ihrer selbst wegen da und sind in diesem Sinn als die Blüte oder der reine Ertrag des Daseins anzusehn. Deshalb geht beim Genuß derselben uns das Herz auf: denn wir tauchen dabei aus dem schweren Erdenäther der Bedürftigkeit auf.» Nützlichkeitserwägungen haben in der Kunst nichts zu suchen, sie sind für andere Bereiche vorgesehen. Schillers poetische Einsicht *Zürne der Schönheit nicht, daß sie schön ist* wurde von Schopenhauer geteilt; er hatte dazu noch eine prosaische Ergänzung: Wir sehen «das Schöne selten mit dem Nützlichen vereint. Die hohen und schönen Bäume tragen kein Obst: die Obstbäume sind kleine, häßliche Krüppel. Die gefüllte Gartenrose ist nicht fruchtbar, sondern die kleine, wilde, fast geruchlose ist es. Die schönsten Gebäude sind nicht die nützlichen: ein Tempel ist kein Wohnhaus.» Der Schuster sollte also bei seinem Leisten und der Künstler bei seiner Kunst bleiben: «Ein Mensch von hohen, seltenen Geistesgaben, genötigt einem bloß nützlichen Geschäft, dem der Gewöhnlichste gewachsen wäre, obzuliegen, gleicht einer köstlichen, mit schönster Malerei geschmückten Vase, die als Kochtopf verbraucht wird: und die nützlichen Leute mit den Leuten von Genie vergleichen, ist wie Bausteine mit Diamanten vergleichen.»

Was die Künste im einzelnen angeht, so macht Schopenhauer da durchaus seine Unterschiede; er sieht eine Wertigkeit, die sich aus den Darstellungsmöglichkeiten ergibt. Dabei gilt ihm die Dichtkunst mehr als die bildenden Künste, die dem Betrachter weniger an Reaktion und Persönlichkeitseinsatz abverlangen, als das bei poetischen Werken der Fall ist, von denen man erwarten darf, daß sie unmittelbar wirken und eine entsprechende Fortsetzung im Kopf des Lesers finden. «Dadurch, daß die Phantasie des Lesers der Stoff ist, in welchem die Dichtkunst ihre Bilder darstellt, hat diese den Vorteil, daß die nähere Ausführung und die feineren Züge in der Phantasie eines jeden so ausfallen, wie es seiner Individualität, seiner Erkenntnissphäre und seiner Laune gerade am angemessensten ist und ihn daher am lebhaftesten anregt; statt daß die bildenden Künste sich nicht so anbequemen können, sondern hier *ein* Bild, *eine* Gestalt allen genügen soll ...» Daraus ergibt sich für Schopenhauer, «daß die Werke der Dichtkunst eine viel stärkere, tiefere und allgemeinere Wirkung ausüben als Bilder und Statuen: diese nämlich lassen das Volk meistens ganz kalt, und überhaupt sind die bildenden die am schwächsten wirkenden Künste.»

Die Dichter, so sie denn ihr Handwerk verstehen oder gar genial sind, haben mehr zu bieten: sie zielen, ob es ihnen bewußt ist oder nicht, aufs Große und Ganze: «In der Poesie echter Dichter (bildet) sich das Innere der ganzen Menschheit ab, und alles, was Millionen gewesener, seiender, künftiger Menschen, in denselben, weil stets wiederkehrenden Lagen empfunden haben und empfinden werden, findet darin seinen entsprechenden Ausdruck. Weil jene Lagen, durch die beständige Wiederkehr, eben wie die Menschheit selbst, als bleibende dastehen und stets dieselben Empfindungen hervorrufen, bleiben die ... Produkte echter Dichter Jahrtausende hindurch richtig, wirksam und frisch.» Überhaupt darf der echte Dichter, so wie Schopenhauer ihn sieht, für sich beanspruchen, ein herausgehobener Mensch für alle Fälle zu sein; in seiner Arbeitsplatzbeschreibung geht es, ähnlich wie bei den Liebesmühen, um Dienst an der Gattung, nicht um literarischen Kleinkram: «Ist doch überhaupt der Dichter der allgemeine Mensch: Alles, was irgendeines Menschen Herz bewegt hat und was die menschliche Natur in irgendeiner Lage aus sich hervortreibt, was irgendwo in einer Menschenbrust wohnt und brütet – ist sein Thema und sein Stoff; wie daneben auch die ganze übrige

Natur … Er ist der Spiegel der Menschheit und bringt ihr, was sie fühlt und treibt, zum Bewußtsein.»

Vom Dichter zum Philosophen ist es nicht weit: Beide sind Spezialisten fürs Allgemeine, haben einen hohen Sendungsauftrag und zeigen sich anfällig für die Verlockungen des besseren Wissens. Es gibt allerdings Unterschiede, weiß der Philosoph und Dichterfreund Schopenhauer: «Zur Philosophie verhält sich die Poesie, wie die Erfahrung sich zur empirischen Wissenschaft verhält. Die Erfahrung nämlich macht uns mit der Erscheinung im einzelnen und beispielsweise bekannt; die Wissenschaft umfaßt das Ganze derselben mittels allgemeiner Begriffe.» Ob man sich mit Poesie oder Philosophie beschäftigt, ist eine Altersfrage. In jungen Jahren ist man noch begeisterungsbereit und läßt sich gern poetisch entflammen; danach hat man es lieber gediegen, weshalb die Altersweisheit denn auch eher eine Sache der Philosophie ist und sich bei reifen Schriftstellern nur dann finden läßt, wenn man sich die Mühe macht, in ihren Werken sammlerisch tätig zu werden und einzelne klug anmutende Einsichten für die eigenen Zwecke herauszuklauben. «Man sieht schon hieran, daß die Poesie mehr den Charakter der Jugend, die Philosophie den des Alters trägt … Der Jüngling hat Freude an Versen als solchen und nimmt oft mit geringer Ware vorlieb. Mit den Jahren nimmt diese Neigung allmählich ab, und im Alter zieht man die Prosa vor.» Zuviel Poesie ist ohnehin ungesund, sie vernebelt die Sinne und ummantelt die Auffassungsgabe, von der man einen soliden Realismus erwarten sollte. Wer sich zu tief ins poetische Flachland vorwagt und von dort nicht mehr zurückfindet, ist gefährdet; er verirrt sich in einer Scheinwelt, in der es keine Wegweiser mehr gibt und verläßliche Auskünfte selten sind: «Durch jene poetische Tendenz der Jugend wird dann leicht der Sinn für die Wirklichkeit verdorben. Denn von dieser unterscheidet die Poesie sich dadurch, daß in ihr das Leben interessant und doch schmerzlos an uns vorüberfließt; dasselbe hingegen in der Wirklichkeit, solange es schmerzlos ist, uninteressant ist, sobald es aber interessant wird, nicht ohne Schmerzen bleibt. Der früher in die Poesie als in die Wirklichkeit eingeweihte Jüngling verlangt nun von dieser, was nur jene leisten kann: dies ist eine Hauptquelle des Unbehagens, welches die vorzüglichsten Jünglinge drückt.»

Noch höher als die Dichtkunst rangiert in Schopenhauers Wertschätzung die Musik; sie spricht für sich selbst und bedarf keiner nachgereichten Erklärung: «Die Musik ist die wahre allgemeine Sprache, die man überall versteht; daher wird sie in allen Ländern und durch alle Jahrhunderte mit großem Ernst und Eifer unaufhörlich geredet,» und «darum spricht sie so sehr zum Herzen, während sie dem Kopfe *unmittelbar* nichts zu sagen hat …» Daß Musik eine so ergreifende Wirkung besitzt, hat auch damit zu tun, daß sie uns fast immer ungeschützt trifft: Intellektuelle Vorbehalte zählen nicht mehr; persönliche Abschottungsmechanismen, die wir uns mit der Zeit zugelegt haben, um bei Bedarf wenigstens auf einen vermuteten Rest an innerer Unversehrheit zurückgreifen zu können, werden aufgebrochen – die Musik strömt ein und besetzt unser Gemüt, eine ebenso geheimnisvolle wie freundliche Übernahme. «Weil die Musik nicht, gleich allen andern Künsten, die Ideen oder Stufen der Objektivation des Willens, sondern unmittelbar den Willen selbst darstellt, so ist hieraus auch erklärlich, daß sie auf den Willen, d.i. die Gefühle, Leidenschaften und Affekte des Hörers unmittelbar einwirkt, so daß sie dieselben schnell erhöht oder auch umstimmt.»

Musik ist die eindringlichste unter den schönen Künsten, sie entfaltet ihren Zauber ohne Vorwarnung und Vorbereitung. In ihrem Kerngeschäft bleibt sie allerdings rätselhaft und läßt nicht mit sich reden: «Daß sie zur Welt in irgendeinem Sinne sich wie Darstellung zum Dargestellten, wie Nachbild zum Vorbilde verhalten muß, können wir aus der Analogie mit den übrigen

Künsten schließen, denen allen dieser Charakter eigen ist und mit deren Wirkung auf uns die ihrige im ganzen gleichartig, nur stärker, schneller, notwendiger, unfehlbarer ist … Dennoch liegt der Vergleichungspunkt zwischen der Musik und der Welt, die Hinsicht, in welcher jene zu dieser im Verhältnis der Nachahmung oder Wiederholung steht, sehr tief verborgen. Man hat die Musik zu allen Zeiten geübt, ohne hierüber Rechenschaft geben zu können: zufrieden, sie unmittelbar zu verstehn, tut man Verzicht auf ein abstraktes Begreifen dieses unmittelbaren Verstehns selbst.» Abstraktes Begreifen, für sich genommen, ist fast immer wenig hilfreich; es täuscht ein Verstehen vor, auf das man lieber erst dann setzen sollte, wenn es auch den Praxistest der Wirklichkeit bestanden hat. Der Musik ist mit begrifflichen Eingliederungsmaßnehmen ohnehin nicht beizukommen: auch wenn man sie sehr wirklich hören kann, reicht sie doch weit hinaus ins Unwirkliche: «Das unaussprechlich Innige aller Musik, vermöge dessen sie als ein so ganz vertrautes und doch ewig fernes Paradies an uns vorüberzieht, so ganz verständlich und doch so unerklärlich ist, beruht darauf, daß sie alle Regungen unseres innersten Wesens wiedergibt, aber ganz ohne die Wirklichkeit und fern von ihrer Qual.»

Schopenhauer hatte uns zuvor schon empfohlen, «mit Herz und mit Kopf» zu leben; mit Musik geht das noch besser, denn sie «gibt» uns «den innersten aller Gestaltung vorhergängigen Kern oder *das Herz der Dinge*.»

Schopenhauers Altersweisheit ist negativ grundiert, aber sie hat, wie gesehen, auch Positives zu bieten: Die Wertschätzung der schönen Künste gehört dazu, die Empfehlung persönlicher Zurücknahme und das stille Betrachten dessen, was ist. Heiterkeit und Gelassenheit stellen sich dabei wie von selbst ein, vor allem dann, wenn man das Glück hat, sich in Lebensumständen einrichten zu können, wie sie dem Entdecker der Altersweisheit vergönnt waren. Wer es indes nicht ganz so gut getroffen hat, aber von Schopenhauer Hilfe erhofft, mit Blick auf Politik und Gesellschaft etwa, muß sich leider eines Schlechteren belehren lassen. Der Frankfurter Philosoph hatte dafür, milde gesprochen, kein rechtes Gespür, man kann auch sagen: es interessierte ihn nicht. Politik ist für ihn eine Mehrheitsangelegenheit, und die erscheint ihm grundsätzlich verdächtig. Der großen Masse traut Schopenhauer nicht über den Weg, sie besteht aus beschränkten Köpfen und ist anfällig für platte Parolen. Die werden vor allem von den so genannten Weltverbesserern verbreitet, an denen der Pessimist Schopenhauer kein gutes Haar läßt, zumal sie allesamt dem feindlichen Lager zuzurechnen sind: «Überall und zu allen Zeiten hat es viel Unzufriedenheit mit den Regierungen, Gesetzen und öffentlichen Einrichtungen gegeben; großenteils aber nur, weil man stets bereit ist, diesen das Elend zur Last zu legen, welches dem menschlichen Dasein selbst unzertrennlich anhängt ... Jedoch nie ist jene falsche Vorspiegelung auf lügenhaftere und frechere Weise gemacht worden als von den Demagogen der ‹Jetztzeit›. Diese nämlich sind als Feinde des Christentums Optimisten ...»

Gegen das Christentum öffentlich Stellung zu beziehen, könnte der gläubige Atheist Schopenhauer zur Not noch durchgehen lassen; wenn dies jedoch in Zusammenhang mit einer optimistischen Weltverbesserungslehre geschieht, die dem Volk weiszumachen sucht, daß alles besser wird, wenn man denn nur die geeigneten Maßnahmen ergreift, macht ihn regelrecht wütend. Mit «Demagogen» kann man nicht diskutieren: «Die Welt ist ihnen ‹Selbstzweck› und daher an sich selbst, d. h. ihrer natürlichen Beschaffenheit nach ganz vortrefflich eingerichtet, ein rechter Wohnplatz der Glückseligkeit. Die nun hiegegen schreienden kolossalen Übel der Welt schreiben sie gänzlich den Regierungen zu: täten nämlich nur diese ihre Schuldigkeit, so würde der Himmel auf Erden existieren, d. h. alle würden ohne Mühe und Not vollauf fressen, saufen, sich propagieren und krepieren können: denn dies ist die Paraphrase ihres ‹Selbstzwecks› und das Ziel des ‹unendlichen Fortschritts der Menschheit›, den sie in pomphaften Phrasen unermüdlich verkündigen.»

Schopenhauer regt sich auch deswegen so auf, weil er ein kritisches Denkvermögen, das eine Voraussetzung dafür ist, eingängige Politparolen hinterfragen zu können, nur bei wenigen vorhanden sieht; in der breiten Masse kommt es seiner Meinung nach nicht vor: «Die Köpfe der Menge sind ein zu elender Schauplatz, als daß auf ihm das wahre Glück seinen Ort haben könnte.»

Er gehört lieber zur Minderheit: «Die wirklich gute Gesellschaft ist, überall und notwendig, sehr klein.» In den Ruf *Wir sind das Volk!*, der hierzulande vor noch gar nicht so langer Zeit dazu beitrug, ein Unrechtsregime in die Knie zu zwingen, hätte Schopenhauer nicht mit eingestimmt; er gehörte zum Volk, wollte aber nicht dazu gehören, zumal er davon ausgehen mußte, daß seine Verachtung für die Köpfe der Menge möglicherweise auf Gegenseitigkeit beruhte: «Beschränktheit und

Dummheit haßt nichts auf der Welt so inniglich und ingrimmiglich wie den Verstand, den Geist, das Talent. – Keine Güte, keine Milde kann sie mit der Überlegenheit der Geisteskraft aussöhnen. So ist es, steht nicht zu ändern, wird auch immer so bleiben. Und welche furchtbare Majorität hat sie dabei auf ihrer Seite! Dies ist ein Haupthindernis der Fortschritte der Menschheit in jeder Art.»

Ungeachtet seiner privaten Meinung zu den Ursachen einer insgesamt deprimierenden Lage der Menschheit hat Schopenhauer einen Blick für die tatsächlichen Gegebenheiten, die nach tatkräftiger Änderung verlangen. Die Gesellschaft ist gespalten: auf der einen Seite eine reiche, luxuriös lebende Minderheit, auf der anderen Seite die Mehrheit, der nichts anderes übrig bleibt, als ihre Arbeitskraft zu entwürdigenden Bedingungen anzubieten und mehr schlecht als recht über die Runden zu kommen. Das allerdings ist nicht neu, sagt Schopenhauer, und liegt in der Natur der Sache: «Armut und Sklaverei sind nur zwei Formen ... derselben Sache, deren Wesen darin besteht, daß die Kräfte eines Menschen großenteils nicht für ihn selbst, sondern für andere verwendet werden; woraus für ihn teils Überladung mit Arbeit, teils kärgliche Befriedigung seiner Bedürfnisse hervorgeht ... Nimmt man nun die gemeinsame Last der physischen Erhaltung des Daseins einem nicht ganz unbeträchtlichen Teile desselben ab, so wird dadurch der übrige übermäßig belastet und ist elend.» Wenn die Mehrheit nicht für sich selbst, sondern für andere arbeitet, gilt es zu fragen, wer diese anderen sind. Schopenhauer kennt sie: es sind die Leute, die in Saus und Braus leben und im eigenen Luxus schon mal den Überblick verlieren. Für sie hat er, der komfortable Lebensverhältnisse immer zu schätzen wußte, wenig Sympathie: «Damit ... einige wenige das Entbehrliche, Überflüssige und Raffinierte haben, ja erkünstelte Bedürfnisse befriedigen können, muß auf dergleichen ein großes Maß der vorhandenen Menschenkräfte verwendet und daher dem Notwendigen, der Hervorbringung des Unentbehrlichen, entzogen werden. Statt Hütten für sich bauen Tausende Prachtwohnungen für wenige: statt grober Stoffe für sich und die Ihrigen weben sie feine oder seidene Stoffe oder gar Spitzen für die Reichen und verfertigen überhaupt tausend Gegenstände des Luxus, die Reichen zu vergnügen.» Der unnatürliche, zum Teil auch abstoßende Luxus, der wenigen zugute kommt, aber ständig bedient werden will, ist ein Grund für die wachsende Armut der großen Mehrheit, so viel scheint klar. Schopenhauer weist zudem darauf hin, daß es sich dabei nicht um ein Gegenwartsproblem, sondern um einen schon länger währenden Entwicklungsprozeß handelt, der sich wie ein roter Faden durch die Menschheitsgeschichte zieht: «Der ganze unnatürliche Zustand der Gesellschaft, der allgemeine Kampf, um dem Elend zu entgehn, die so so viel Leben kostende Seefahrt, das verwickelte Handelsinteresse und endlich die Kriege, zu welchen das alles Anlaß gibt – alles dieses hat zur alleinigen Wurzel den Luxus, der nicht einmal die, welche ihn genießen, glücklich, vielmehr kränklich und übelgelaunt macht. Demnach würde zur Milderung des menschlichen Elends das Wirksamste die Verminderung, ja Aufhebung des Luxus sein.» So richtig wohl ist Schopenhauer bei einer solchen Forderung jedoch nicht; er läßt sich das Ganze noch einmal durch den Kopf gehen und kommt prompt zu einem anderen Ergebnis: «Dieser Gedankengang … hat unstreitig viel Wahres. Dennoch wird er im Resultat widerlegt durch einen andern, den überdies das Zeugnis der Erfahrung bekräftigt. Was nämlich durch jene dem Luxus frönenden Arbeiten das Menschengeschlecht an *Muskelkräften* (Irritabilität) für seine notwendigsten Zwecke verliert, wird ihm allmählich tausendfach ersetzt durch die gerade bei dieser Gelegenheit frei (im chemischen Sinn) werdenden *Nervenkräfte* (Sensibilität, Intelligenz). Denn da diese höherer Art sind, so übertreffen auch ihre Leistungen tausendfach jene der ersteren.» So kann man denn, man muß sich das eben nur gedanklich passend machen, auch im offensichtlich Negativen noch etwas Positives entdecken: «Ein Volk von Bauern würde wenig entdecken und erfinden: aber müßige Hände geben tätige Köpfe. Künste und Wissenschaften sind selbst Kinder des Luxus, und sie tragen ihm ihre Schuld ab.» Letztlich, so Schopenhauer, kann keiner aus seiner Haut, vor allem nicht, wenn es eine proletarische Haut ist. Die mag zwar ehrlich sein, aber es hilft nichts: so viel man auch vom hiesigen Elend abträgt, es wird an anderer Stelle mit Zugewinn wieder aufgetürmt. Eine Gesellschaft kann frei gedacht werden, sie ist aber nicht frei. Der Riß, der sie spaltet, wird bleiben: «Es ist offenbar, daß in dem Maße, als es uns gelänge, durch richtigste und sorgfältigste Benutzung aller Naturkräfte und jedes Landstriches das Elend der untersten Volksklassen zu verringern, die Zahl dieser überaus treffend so genannten Proletarier zunehmen und dadurch das Elend immer von neuem sich einstellen würde. Denn der Geschlechtstrieb arbeitet stets dem Hunger in die Hände, wie dieser, wenn er befriedigt ist, dem Geschlechtstrieb.»

Das ist, höflich gesagt, nicht allzu progressiv gedacht, auch irgendwie nicht so ganz menschenfreundlich. Schopenhauer war jedoch, wie wir wissen, ohnehin nie ein Menschenfreund; warum sollte er also beim Blick in die Politik, die sich zu seiner Zeit einer zwanghaft anmutenden Aufbruchstimmung mit revolutionären Untertönen zu erwehren hatte, auf einmal eine völlig andere Gesinnungsseite an sich entdecken? Seine Befürchtung war es, daß die revolutionären Untertöne auf einmal laut und schrill würden und das öffentliche Gespräch überdeckten, ja womöglich sogar ganz erstickten. Dann würde es auch für einen wie ihn, einen privilegierten Bildungsbürger, der es gut mit sich meinte und ein bequemes, dem Nachdenken gewidmetes Leben führte, auf einmal eng. Schlimmeres mochte er

sich kaum vorzustellen, als daß der «Mob» die Straßen be-
herrschte und eines Tages vor seiner Wohnung in der Schönen
Aussicht stand; spätestens dann wäre die schöne Aussicht wohl
nicht mehr so ganz schön gewesen. Verhindern konnte das seiner Meinung nach nur ein starker Staat, den Schopenhauer, mit
leiser Ironie, ein «Meisterstück des sich selbst verstehenden,
vernünftigen, aufsummierten Egoismus aller» nennt, der «den
Schutz der Rechte eines jeden in die Hände einer Gewalt gegeben (hat), welche, der Macht jedes einzelnen unendlich über-
legen, ihn zwingt, die Rechte aller andern zu achten. Da kann
der grenzenlose Egoismus fast aller, die Bosheit vieler, die
Grausamkeit mancher sich nicht hervortun: der Zwang hat alle
gebändigt.» Gemessen an der abgrundtiefen Schlechtigkeit der
Menschen allerdings sind die Möglichkeiten des Staates nur be-
grenzt; es läßt sich nun mal nicht jeder überwachen, geschweige
denn vorsorglich einsperren. Man sollte sich also nichts vormachen: «Die hieraus entspringende Täuschung ist so groß,
daß, wenn wir in einzelnen Fällen, wo die Staatsgewalt nicht
schützen kann oder eludiert [geschickt umgangen] wird, die
unersättliche Habsucht, die niederträchtige Geldgier, die tief
versteckte Falschheit, die tückische Bosheit der Menschen hervortreten sehn, wir oft zurückschrecken und ein Zetergeschrei
erheben, vermeinend, ein noch nie gesehnes Monstrum sei uns
aufgestoßen: allein ohne den Zwang der Gesetze und die Notwendigkeit der bürgerlichen Ehre würden dergleichen Vorgänge ganz an der Tagesordnung sein.» Für diese Vermutung
gibt es genügend Belege, man muß sich nur die passende Lektüre besorgen: «Kriminalgeschichten und Beschreibungen an-
archischer Zustände muß man lesen, um zu erkennen, was in
moralischer Hinsicht der Mensch eigentlich ist. Diese Tausende, die da vor unsern Augen im friedlichen Verkehr sich
durcheinanderdrängen, sind anzusehn als ebenso viele Tiger
und Wölfe, deren Gebiß durch einen starken Maulkorb ge-

sichert ist. Daher, wenn man sich die Staatsgewalt einmal aufgehoben, d.h. jenen Maulkorb abgeworfen denkt, jeder Einsichtige zurückbebt vor dem Schauspiele, das dann zu erwarten stände …»

Natürlich gibt es aber auch Übereinstimmungen in der Gesellschaft, Freundschaften, einen Gleichklang der Gefühle und Meinungen, der uns gut tut, aber meist nicht von langer Dauer ist. Zu verschiedenartig, sieht man einmal vom Hang zum Boshaften ab, der allen zukommt, sind die Menschen, als daß sich unter ihnen ein Zustand stabiler Harmonie herstellen ließe. Wir leben in prekären Gleichgewichtsverhältnissen, aber es gibt Stimmungsanreger, die sich, bei entsprechendem Zuspruch, als harmonie- und wohlseinsfördernd erweisen: «Wieviel die Gleichheit der Stimmung für die gesellige Gemeinschaft leiste, läßt sich daran ermessen, daß sogar eine zahlreiche Gesellschaft zu lebhafter gegenseitiger Mitteilung und aufrichtiger Teilnahme unter allgemeinem Behagen erregt wird, sobald irgend etwas Objektives, sei es eine Gefahr oder eine Hoffnung oder eine Nachricht oder ein seltner Anblick, ein Schauspiel, eine Musik oder was sonst auf alle zugleich und gleichzeitig einwirkt: denn dergleichen, indem es alle Privatinteressen überwältigt, erzeugt universelle Einheit der Stimmung. In Ermangelung einer solchen objektiven Einwirkung wird in der Regel eine subjektive ergriffen, und sind demnach die Flaschen das gewöhnliche Mittel, eine gemeinschaftliche Stimmung in die Gesellschaft zu bringen.»

Trinken aber kann man zur Not auch allein, man ist dann, wie Schopenhauer, in bester Gesellschaft und weiß, was man hat. Draußen wacht der Staat, daheim ist man der Chef und hat das Hausrecht. Was also soll groß passieren, zumal es Mittel und Wege gibt, sich unnötige Belästigung zu ersparen: «Dummköpfen und Narren gegenüber gibt es nur einen Weg, seinen Verstand an den Tag zu legen, und der ist, daß man mit ihnen

nicht redet. Aber freilich wird alsdann in der Gesellschaft manchem bisweilen zumute sein wie einem Tänzer, der auf einen
Ball gekommen wäre, wo er lauter Lahme anträfe: mit wem soll
er tanzen?»

Schopenhauer ist mit den Jahren zunehmend milder gestimmt, auch das ein Resultat seiner Altersweisheit, die von manchem harschen Urteil, zu dem er sich früher veranlaßt sah, diskret Abschied nimmt. Vielleicht wollte er es selbst auch ein wenig kuscheliger haben: Immer nur das sattsam bekannte menschliche Elend beschreiben ist kein erbauliches Programm. Zudem gibt es unter uns einen Rührungsfaktor, der gelegentlich auch Hartgesottene streift und zu Reaktionen bringt, die sie sonst nur von zartbesaiteten Gemütern kennen. Schopenhauer hat sich im Alter einige Male gerührt gezeigt, bevorzugt über sich selbst, aber bisweilen überkam ihn auch ein erwärmendes Gefühl, das auf verdrängte Nächstenliebe und Menschlichkeit hinauslief. Nimmt man es ernst und läßt es nicht nur für sich selbst, sondern für alle gelten, bekommt man das Höchste der Gefühle. Es ist das *Mitleid*, dem Schopenhauers ganzer Respekt, ja dem seine uneingeschränkte Liebe gilt. Ohne Mitleid würden die Menschen nur noch kalt und herzlos miteinander umgehen; folgen sie aber der Stimme des Mitleids, die in jedem von uns spricht, mal deutlich vernehmbar, mal leider nur in kaum hörbarem Flüsterton, machen sie sich das Leben, trotz aller unserer Bosheit, letztlich doch lebenswert. «Die Natur konnte nichts Wirksameres leisten, als daß sie in das menschliche Herz jene wundersame Anlage pflanzte, vermöge welcher das Leiden des einen vom andern mitempfunden wird … Die Menschen wären mit aller ihrer Moral nie etwas anderes gewesen als Scheusale, hätte nicht die Natur ihnen zur Unterstützung ihrer Vernunft das Mitleid gegeben.»

Das Mitleid ist die Mutter aller Gefühle: was auch immer wir an positiven Handlungen zustande bringen, hat, in der einen oder anderen Variation, mit Mitleid zu tun: «Und in der Tat: Was sind Großmut, Milde, Humanität anderes als Mitleid, das sich der Schwachen, der Schuldigen, ja der ganzen Menschheit annimmt? Das Wohlwollen und selbst die Freundschaft sind, recht verstanden, die Folgen eines beständigen Mitleids, das sich auf einen besonderen Gegenstand richtet; denn zu wünschen, daß jemand nicht leide, ist doch nichts anderes als zu wünschen, er möge glücklich sein.» Mitleid, auch Mitgefühl gibt unserem Leben die anrührenden Momente, von denen man zehren kann. Und doch ist es erstaunlich, daß wir zu einem solchen Gefühl überhaupt in der Lage sind, ja es sogar bis zur Selbstaufgabe bedienen können. Dafür gibt es, auch für Schopenhauer, keine rechte Erklärung; wir sollten also nur dankbar sein, daß wir es, als mitleidende und mitfühlende Wesen, in der Hand haben, unser Leben nicht nur eigennützig, sondern auch menschlich zu führen: «Der hier analysierte Vorgang … ist kein erträumter oder aus der Luft gegriffener, sondern ein wirklicher, ja keineswegs seltener: es ist das alltägliche Phänomen des Mitleids, d. h. der ganz unmittelbaren, von allen anderweitigen Rücksichten unabhängigen *Teilnahme* zunächst am *Leiden* eines andern und dadurch an der Verhinderung oder Aufhebung dieses Leidens, als worin zuletzt alle Befriedigung und alles Wohlsein und Glück besteht. Dieses Mitleid ganz allein ist die wirkliche Basis aller *freien* Gerechtigkeit und aller *echten* Menschenliebe. Nur sofern sie aus ihm entsprungen ist, hat sie moralischen Wert. – Allerdings ist dieser Vorgang erstaunenswürdig, ja mysteriös. Er ist in Wahrheit das große Mysterium der Ethik, ihr Urphänomen und der Grenzstein, über welchen hinaus nur noch die metaphysische Spekulation einen Schritt wagen kann.»

Richtig zu begreifen ist das Mitleid nicht; es gibt allerdings eine begründete Vermutung, was uns dazu bewegen könnte, auf einmal nicht nur uns selbst, sondern auch anderen Gutes zu tun: «Daß einer auch nur ein Almosen gebe, ohne dabei auf die entfernteste Weise etwas anderes zu bezwecken, als daß der Mangel, welcher den andern drückt, gemindert werde, ist nur möglich, sofern er erkennt, daß er selbst es ist, was ihm jetzt unter jener traurigen Gestalt erscheint, also daß er sein eigenes Wesen an sich in der fremden Erscheinung wiedererkenne.»

Traurige Gestalten sind wir auf Erden alle; wir haben jedoch die Möglichkeit, unserem Dasein mit großmütigem Handeln Glanzlichter aufzusetzen. Das sollte so geschehen, wie es das Mitleid, das in seiner Wirksamkeit keine Bevorzugten oder Benachteiligten kennt, verlangt, nämlich in gänzlicher Uneigennützigkeit und nicht vielleicht doch mit einem Seitenblick auf mögliche Zeugen, die bereitstehen könnten, unserem Tun Beifall zu spenden. Nur dann nämlich ist das, was getan wurde, gut getan und verdient uneingeschränktes Lob: Menschenliebe sollte sich anrühren lassen und ohne Ansehen der Person wirksam werden: «Warum nehmen wir jeden Zug von Herzensgüte an uns selbst mit so inniger Freude wahr? Weil er uns ein Pfand ist, dafür, daß unser Dasein nicht auf unsre eigene Person beschränkt ist, auf welchen unendlich kleinen Punkt alle egoistischen Handlungen es zu konzentrieren scheinen.» Gut zu sein zu anderen ist die größte Freude, die man sich selbst machen kann. Das weiß jeder, der es schon mal probiert hat: das Resultat spricht für sich selbst, man muß es nicht weiter kommentieren. Zum Gutmenschen, der uns heute zu Recht verdächtig erscheint, ja oft auf die Nerven geht, wird man erst dann, wenn die Zufriedenheit in Selbstgefälligkeit umschlägt und man der Devise folgt: Tue Gutes und rede darüber! Lieber sollten wir im stillen wirken und kein Aufhebens von dem machen, was man, löblicherweise, bereits auf den Weg gebracht hat. Menschlichkeit kann mit Füßen getreten werden, sagt Schopenhauer, aber da wir ein Bild von ihr haben, ein Ideal, das unsere Geschichte so lange schon begleitet, bringt sie sich immer wieder in Erinnerung und läßt sich auch dann nicht verdrängen, wenn sie in unmenschliche Verhältnissen gerät. Im Ideal der Menschlichkeit, das insgesamt vielleicht weniger idealistisch ist, als man vermutet, rücken wir zusammen, auch wenn wir zuvor gar nicht so weit voneinander weg waren: «Die Rührung und Wonne, welche wir beim Anhören, noch mehr beim Anblick, am meisten beim eigenen Vollbringen einer edlen Handlung empfinden, beruht im tiefsten Grunde darauf, daß sie uns die Gewißheit gibt, daß jenseits aller Vielfalt und Geschiedenheit der Individuen … eine Einheit derselben liege, welche wahrhaft vorhanden, ja uns zugänglich ist.» Die Idee, die dem zugrunde liegt, ist keine Entdeckung des Philosophen Arthur Schopenhauer, sondern hat eine altehrwürdige Tradition: «‹Mein wahres inneres Wesen existiert in jedem Lebenden so unmittelbar, wie es in meinem Selbstbewußtsein sich nur mir selber kundgibt.› – Diese Erkenntnis, für welche im Sanskrit die Formel ‹tat-tvam asi›, d. h. ‹dies bist Du› der stehende Ausdruck ist, ist es, die als *Mitleid* hervorbricht, auf welcher daher alle echte, d. h. uneigennützige Tugend beruht und deren realer Ausdruck jede gute Tat ist. Diese Erkenntnis ist es, im letzten Grunde, an welche jede Appellation an Milde, an Menschenliebe, an Gnade für Recht sich richtet: denn eine solche ist eine Erinnerung an die Rücksicht, in welcher wir alle eins und dasselbe Wesen sind.»

Mit den Jahren, als sich sein früherer Ehrgeiz immer mehr legte und er Gott und die Welt gelassener sah, fühlte sich Schopenhauer mit einer Heiterkeit belohnt, die zum wesentlichen Bestandteil seiner Altersweisheit wurde. Dort ist sie, einmal zum Bleiben aufgefordert, nicht mehr weg zu denken und betreibt einen weitgehend unauffälligen Begleitservice, der zwar im Alltag gewisse Abnutzungserscheinungen erfährt, sich aber auch immer wieder neu motivieren und beflügeln läßt. Wer nämlich Gutes tut, ohne dafür öffentliche Belohnungen zu erwarten, hilft auch seiner hauseigenen Heiterkeit und trägt dazu bei, daß sie «ruhig und zuversichtlich» bleibt, was eine «tugendhafte Gesinnung und gutes Gewissen gibt, und das deutlichere Hervortreten derselben bei jeder guten Tat, indem diese den Grund jener Stimmung uns selber beglaubigt.» Was das, in der Folge, bewirkt, geht über das persönliche Wohlbefinden hinaus und findet auch in der Außendarstellung seinen Niederschlag: «Der Egoist fühlt sich von fremden und feindlichen Erscheinungen umgeben und alle seine Hoffnung ruht auf dem eigenen Wohl. Der Gute lebt in einer Welt befreundeter Erscheinungen: das Wohl einer jeden derselben ist sein eigenes. Wenn daher gleich die Erkenntnis des Menschenloses überhaupt seine Stimmung nicht zu einer fröhlichen macht, so gibt die bleibende Erkenntnis seines Wesens in allem Lebenden ihm doch eine gewisse Gleichmäßigkeit und selbst Heiterkeit.»

Der Fluch der guten Tat ist positiv, daran läßt Schopenhauer nicht rütteln. Ja, er schwingt sich sogar zu einem großen Loblied der Herzensgüte auf, die, in Tateinheit mit Mitleid und Mitgefühl, die bezwingendste Eigenschaft ist, zu der wir gelangen können, wenn unser Charakter mitspielt, wir den Egoismus in uns, zumindest in den entscheidenden Momenten, erfolgreich zurückdrängen und wir uns auch sonst Mühe geben auf Erden. «Wie Fackeln und Feuerwerk vor der Sonne unscheinbar werden, so wird Geist, ja Genie und ebenfalls die Schönheit überstrahlt und verdunkelt von der Güte des Herzens. Wo diese in hohem Grade hervortritt, kann sie den Mangel jener Eigenschaften so sehr ersetzen, daß man solche vermißt zu haben sich schämt. Sogar der beschränkteste Verstand wie auch die groteske Häßlichkeit werden, sobald die ungemeine Güte des Herzens sich in ihrer Begleitung kundgetan, gleichsam verklärt, umstrahlt von einer Schönheit höherer Art, indem jetzt aus ihnen eine Weisheit spricht, vor der jede andere verstummen muß. Wo sie in hohem Grade vorhanden ist, macht sie das Herz so groß, daß es die Welt umfaßt, so daß jetzt alles in ihm, nichts mehr außerhalb liegt: da sie ja alle Wesen mit dem eigenen identifiziert.»

Schopenhauers Altersweisheit klingt versöhnlich aus, und das ist gut so. Zwar können wir uns, je mehr es aufs Ende zugeht, nicht als wirklich getröstet betrachten, aber zuvor haben wir Gelegenheit genug bekommen, Gelassenheit einzuüben, heiteren Sinnes zu sein und uns über all jene zu freuen, die menschlich sind und uns, bei passender und unpassender Gelegenheit, mit ihrer Herzensgüte beschämen. Und wenn wir dann, im Rahmen unserer bescheidenen Möglickeiten, selbst noch dazu beitragen, Gutes zu tun und das Leben nicht nur als «ein Pensum zum Abarbeiten» anzusehen, wie es bei Schopenhauer nachzulesen war – um so besser. Alles weitere wird sich finden: «Die *Gegenwart zu genießen* und dies zum Zweck seines Lebens zu machen, ist die größte *Weisheit* (denn sie ist das allein Reale, alles andere ist imaginär), und es ist die *größte Torheit*, denn was im nächsten Augenblick nicht mehr ist, was so ganz verschwindet wie ein Traum, hat keinen Wert. Jedem Vorgang unseres Lebens gehört nur auf einen Augenblick das Ist, sodann für endlose Zeit nur das War. – Jeden Abend sind wir um einen Tag ärmer. – Wir würden vielleicht rasend werden, beim Anblick dieses Ablaufens unserer kurzen Zeitspanne; wenn nicht im tiefsten Grunde unseres Wesens ein heimliches Bewußtsein läge, daß uns der nie zu erschöpfende Brunnen der Ewigkeit gehört, um stets die Zeit und das Leben daraus zu erneuern.»

Epilog:
Selbstanzeige

«Ich bin kein Vielschreiber, kein Kompendienfabrikant, kein Honorarverdiener, keiner, der mit seinen Schriften nach dem Beifall eines Ministers zielt – mit einem Worte, keiner, dessen Feder unter dem Einfluß persönlicher Zwecke steht: ich strebe nichts an als die Wahrheit und schreibe, wie die Alten schrieben, in der alleinigen Absicht, meine Gedanken der Aufbewahrung zu übergeben, damit sie einst denen zugute kommen, die ihnen nachzudenken und sie zu schätzen verstehn. Ebendaher habe ich nur weniges, dieses aber mit Bedacht und in weiten Zwischenräumen geschrieben.»

«Als den eigentümlichen Charakter meines Philosophierens darf ich anführen, daß ich überall den Dingen *auf den Grund zu kommen* suche, indem ich nicht ablasse, sie bis auf das letzte real Gegebene zu verfolgen. – Dieserwegen wird man einst (natürlich nicht, solange ich lebe) erkennen, daß die Behandlung desselben Gegenstandes von irgendeinem früheren Philosophen, gegen die meinige gehalten, flach erscheint. Daher hat die Menschheit manches, was sie nie vergessen wird, von mir gelernt und werden meine Schriften nicht untergehn.»

«Meine Schriften tragen das Gepräge der Redlichkeit und Offenheit – stets findet man mich auf dem Standpunkt der *Reflexion,* d. h. der vernünftigen Besinnung und redlichen Mitteilung, niemals auf dem der *Inspiration,* genannt intellektuelle

Anschauung oder auch absolutes Denken, beim rechten Namen jedoch Windbeutelei und Scharlatanerei.»

«Meine Philosophie unternimmt nicht, zu erklären, wie es zu einer Welt, wie diese ist, hat kommen können, sondern bloß, uns darin zu orientieren.»

«Mich haben nicht die Bücher, sondern die Welt hat mich befruchtet.»

«Meine Philosophie ist tief; sie ist aber auch hoch: Das sollten Sie nicht vergessen.»

«Tüchtige, plumpe, von Ministern aufgepuffte, brav Unsinn schmierende Scharlatane, ohne Geist und ohne Verdienst, das ist's, was den Deutschen gehört; nicht Männer wie ich.»

«Sie haben das Ding an sich nicht zu suchen in Wolkenkuk-kucksheim – sondern in den Dingen dieser Welt, – also im Tisch, daran Sie schreiben, im Stuhl unter Ihrem Wertesten.»

«Wenn ich suche mir vorstellig zu machen, daß ich vor einem individuellen Wesen stände, zu dem ich sagte: ‹Mein Schöpfer! Ich bin einst nichts gewesen; du aber hast mich hervorgebracht, so daß ich jetzt etwas, und zwar ich bin› – und dann noch: ‹Ich danke dir für diese Wohltat› – und am Enge gar: ‹Wenn ich am Ende nichts getaugt habe, so ist das *meine* Schuld› – so muß ich gestehn, daß infolge philosophischer und indischer Studien mein Kopf unfähig geworden ist, einen solchen Gedanken aus-zuhalten.»

«Die Welt ist eben die *Hölle*, und die Menschen sind einerseits die gequälten Seelen und andererseits die Teufel darin. Da werde ich wohl wieder vernehmen müssen, meine Philosophie sei trostlos – eben nur weil ich nach der Wahrheit rede, die Leute aber hören wollen, Gott der Herr habe alles wohlgemacht. Geht in die Kirche und laßt die Philosophen in Ruhe! Wenigstens verlangt nicht, daß sie ihre Lehre eurer Abrichtung gemäß einrichten sollen: das tun die Lumpen, die Philosophaster; bei denen könnt ihr euch Lehren nach Belieben bestellen.»

«Bei Anwandlungen von Unzufriedenheit bedenke ich stets, was es heißt, daß ein Mensch, wie ich, sein ganzes Leben der Ausbildung seiner Anlagen und seinem angeborenen Berufe leben kann, und wie viele Tausende gegen eins waren, daß das nicht anging und ich sehr unglücklich geworden wäre. Wenn ich zu Zeiten mich unglücklich gefühlt, so ist dies mehr nur vermöge einer *méprise*, eines Irrtums in der Person geschehen; ich habe mich dann für einen andern gehalten als ich bin, und nur dessen Jammer beklagt: z. B. für einen Privatdozenten, der nicht Professor wird und keine Zuhörer hat, oder für einen, von dem dieser Philister [Spießbürger] schlecht redet und jene Kaffeeschwester klatscht, oder für den Beklagten in jenem Injurienprozesse, oder für den Liebhaber, den jenes Mädchen, auf das er kapriziert ist, nicht erhören will, oder für den Patienten, den seine Krankheit zu Hause hält, oder für andere ähnliche Personen, die an ähnlichen Miseren laborieren: das alles bin ich nicht gewesen, das alles ist fremder Stoff, aus dem höchstens der Rock gemacht gewesen ist, den ich eine Weile getragen und dann gegen einen andern abgelegt habe. Wer aber bin ich denn? Der, welcher *die Welt als Wille und Vorstellung* geschrieben und vom großen Problem des Daseins eine Lösung gegeben, welche vielleicht die bisherigen antiquieren, jedenfalls aber die Denker der kommenden Jahrhunderte beschäftigen wird. Der bin ich, und was könnte den anfechten in den Jahren, die er noch zu atmen hat?»

«Wohl kaum ist irgendein philosophisches System so einfach und aus so wenigen Elementen zusammengesetzt wie das meinige; daher sich dasselbe mit *einem* Blick leicht überschauen und zusammenfassen läßt. Dies beruht zuletzt auf der völligen Einheit und Übereinstimmung seiner Grundgedanken und ist überhaupt ein günstiges Zeichen für seine Wahrheit, die ja der Einfachheit verwandt ist.»

«Das gefundene Wort eines Rätsels erweist sich als das rechte dadurch, daß alle Aussagen desselben zu ihm passen. So läßt meine Lehre Übereinstimmung und Zusammenhang in dem kontrastierenden Gewirre der Erscheinungen dieser Welt erblicken und löst die unzähligen Widersprüche, welche dasselbe von jedem andern Standpunkt aus gesehn darbietet: sie gleicht daher insofern einem Rechenexempel, welches aufgeht; wiewohl keineswegs in dem Sinne, daß sie kein Problem zu lösen übrig, keine mögliche Frage unbeantwortet ließe. Dergleichen zu behaupten wäre eine vermessene Ableugnung der Schranken menschlicher Erkenntnis überhaupt. Welche Fackel wir auch anzünden und welchen Raum sie auch erleuchten mag; stets wird unser Horizont von tiefer Nacht umgrenzt bleiben. Denn die letzte Lösung des Rätsels der Welt müßte notwendig bloß von den Dingen an sich, nicht mehr von den Erscheinungen reden. Aber gerade auf diese allein sind alle unsere Erkenntnisformen angelegt: daher müssen wir uns alles durch ein Nebeneinander, Nacheinander und Kausalitätsverhältnisse faßlich machen. Aber diese Formen haben bloß in Beziehung auf die Erscheinung Sinn und Bedeutung: die Dinge an sich selbst und ihre möglichen Verhältnisse lassen sich durch jene Formen nicht erfassen. Daher muß die wirkliche, positive Lösung des Rätsels der Welt etwas sein, das der menschliche Intellekt zu fassen und zu denken völlig unfähig ist; so daß, wenn ein Wesen höherer Art käme und sich alle Mühe gäbe, es uns beizubringen, wir von seinen Eröffnungen durchaus nichts würden verstehn können.»

«Ich bin glücklicher als die meisten meinesgleichen. Mein Leben ist ein fortgesetztes Studium gewesen, das sein eigener Lohn ist, und ich schätze mich glücklich, daß ich mein ganzes Leben lang dieser Anlage folgen konnte, dieser Art von Instinkt, die mich an die Gegenstände bringt, für die ich gemacht bin, und daß ich immer Herr meiner Zeit gewesen bin. Wenn ich Reichtümer angesammelt hätte, würden sie mich nicht vor dem Leiden des Alters schützen; aber ich habe Kenntnisse gesammelt und das Interesse für die großen Wahrheiten gewonnen, für die Philosophie, für meine Werke, und das, was dazu gehört, ist das Wesen meines Daseins geworden. Das ist es, was mir Sicherheit vor der Langeweile des Alters gibt, es wird lange dauern, selbst bis ans Ende: ich kenne keine Langeweile, und bin unabhängig von den Menschen, in jeder Hinsicht.»

«Ein solcher Mensch, der nach vielen bitteren Kämpfen … seine eigene Natur endlich ganz überwunden hat, ist nur noch als erkennendes Wesen, als ungetrübter Spiegel der Welt übrig. – Er blickt nun ruhig und lächelnd zurück auf die Gaukelbilder dieser Welt, die einst auch sein Gemüt zu bewegen und zu peinigen vermochten, die aber jetzt so gleichgültig vor ihm stehn wie die Schachfiguren nach geendigtem Spiel oder wie am Morgen die abgeworfenen Maskenkleider, deren Gestalten uns in der Faschingsnacht neckten und beunruhigten.»

«Wenn man ein langes Leben in Unbedeutsamkeit und Geringschätzung zugebracht hat, da kommen sie am Schluß mit Pauken und Trompeten und meinen, es sei was.»

«Für mich, der ich eigentlich nicht sehr gesellig bin, sind ein heiteres und mildes Klima, in einer schönen Umgebung, deren Zugang keine große Stadt versperrt, die wesentlichsten Genüsse des Lebens.»

«Ich bin allezeit in jedem Wetter täglich spazierengegangen, zu großem Vorteil. Mit 72 Jahren bin ich stets kerngesund und durch meinen überaus raschen und leichten Gang noch jetzt auffallend. Ich lese ohne Brille, auch bei schwacher Beleuchtung, und blase immer noch täglich meine Flöte. Ich kann also sehr alt werden, – wenn nichts dazwischenkommt ...»